**Who Am I**
나는 누구인가
쉽게 읽는 한글판 자랑스런 나의 뿌리

# 순흥 안씨 이야기
## 順興安氏

# 畵報로 보는
# 先祖의 발자취

〈소수서원(紹修書院) 문성공묘(文成公廟)〉

화보(畵報)

# 순흥안씨(順興安氏)

순흥안씨의 시조 안자미(安子美)는 고려 의종 24년 (1170)에서 명종 10년(1180) 사이에 경북 순흥(慶北 順興 : 당시 順安縣)에서 태어난 것으로 추정된다. 고려 신종(神宗)조에 흥위위(興威衛) 보승별장 (保勝別將)을 지내고 문성공(文成公) 안향(安珦)의 귀현(貴顯)으로 인하여 신호위(神虎衛) 상호군(上護軍)을 추봉(追封)받았다.

뿌리공원의 순흥안씨 상징조형물
(대전광역시 중구 뿌리공원)

추원단(追遠壇). 비봉산 남록 시조사단(始祖祀壇). 순흥안씨 시조 신호위상호군(神虎衛上護軍) 안자미(安子美) 이하 선조를 모셨다 (경북 영주시 순흥면 읍내리)

4 · 순흥(順興) 안(安)씨 이야기

화보(畫報)

향려단유허비(鄕閭壇遺墟碑)
(경북 영주시 순흥면 석교리)

향려비(鄕閭碑)

향려비각(鄕閭碑閣). 향려단은 시조공과 태사공 안부를 봉사하기 위해 효종 5년(1654)에 설치한 제단으로 1962년에 석교리 181번지로 이전 합단하였고 향려비도 석교리에 있다가 1988년 비봉산의 추원단으로 중건 이건하였다 (경북 영주시 순흥면 읍내리 추원단)

화보(畵報)

오산단유허비(梧山壇遺墟碑). 1922년 1파의 6세조 판관공(判官公) 안신(安愼)의 위석을 봉안한 단으로 현재는 비봉산 추원단으로 이전하였다 (순흥면 석교리)

오산단 옛터

화보(畫報)

대산단(臺山壇). 순조 25년(1825) 3파 파조인 전리정랑공을 비롯하여 낭중공, 판정공, 문경공, 좨주공의 단을 모시고 세사를 받들던 곳인데 1963년 추원단으로 이설 합단했다. 지금 이곳에는 대산단 유허비가 있다.

회헌(晦軒) 문성공(文成公) 안향(安珦)의 묘소 (경기도 장단군 진서면 눌목리 구정동)

화보(畵報)

회헌 안향 영정. 충숙왕 5년(1318) 왕명으로 미상의 작가가 그려 문묘에
봉안했다가 명조 14년(1559) 이불해(李不害)가 모사하여 현존하고 있다.
국보 제 111호 (소수서원 영정각 내 봉안)

화보(畵報)

## 소수서원(紹修書院)

소수서원은 중종 37년(1542) 풍기군수 주세붕(周世鵬)이 회헌 안향(安珦)의 사묘(祠廟)를 세우고 중종 38년(1543)에 학사(學舍)를 이건(移建)하여 백운동서원(白雲洞書院)을 설립한 것이 시초이다. 그후 중종 39년(1544)에 안축(安軸)과 안보(安輔)를, 인조 11년(1633)에 주세붕을 추배(追配)하였다. 명종 5년(1550) 퇴계 이황(李滉)이 풍기군수로 부임해 와서 조정에 상주하여 소수서원이라는 사액(賜額) 받게 되어 최초의 사액서원이자 공인된 사학(私學)이 되었다. 고종 8년(1871) 대원군의 서원철폐 때에도 철폐를 면한 47서원 가운데 하나로 지금도 옛모습을 그대로 간직하고 있다.

서원의 건물로는 명종의 친필로 된 '소수서원(紹修書院)'이란 편액(扁額)이 걸린 강당, 그 뒤에는 직방재(直方齋)와 일신재(日新齋), 동북쪽에는 학구재(學求齋), 동쪽에는 지락재(至樂齋)가 있다. 또한 서쪽에는 서고(書庫)와 고려 말에 그려진 안향의 영정(影幀)과 대성지성문선왕전좌도(大成至聖文宣王殿坐圖:보물 485)가 안치된 문성공묘(文成公廟)가 있다.

소수서원 경내 전경과 사액 현판(조선 명종의 어필)

화보(畵報)

회헌 안향의 위패 (소수서원 내 문성공묘)

문성공묘(文成公廟). 회헌 안향을 모신 사묘로서 문정공 안축, 문경공 안보, 문민공 주세붕의 위패가 함께 봉안되어 있다 (소수서원 내)

화보(畵報)

안자묘 묘정비

안자묘(安子廟). 안향의 신위를 모신 사당으로 황해도 연백군 화성면 송천리에 있던 것을 1950년 한국전쟁으로 서울시 마포구 창전동으로 옮겼다가 1975년 현재의 위치로 옮겨왔다. 묘당의 가운데 처마밑에 걸린 현판은 공자의 후손인 공덕성이 쓴 것이라고 한다 (경기도 의왕시 월암동)

화보(畵報)

문성공 회헌 안향 합포유적비(文成公晦軒安珦合浦遺蹟碑). 문성공이 충렬왕 20년(1294) 동남도병마절도사로 합포에 내려갔으며, 그후 문순공(文順公) 안우기(安于器)도 합포에 출진하였으므로 부자를 기리기 위하여 세웠다 (경남 마산시 합성1동)

세연지(洗硯池). 이 작은 못은 문성공 회헌 안향이 소시적에 공부하면서 벼루를 씻던 곳이다. 1959년 태풍과 산사태로 매몰되어 현재는 석천(石泉)만 남아 있다 (경북 영주시 순흥면 학교리)

12 · 순흥(順興) 안(安)씨 이야기

화보(畵報)

사현정(四賢井). 밀직공 안석(安碩)이 향리에 묻혀 세 아들을 가르쳐 큰 인물로 기르니 문정공 안축(安軸), 문경공 안보(安輔), 채주공 안집(安輯)이다. 인종 원년(1545)에 풍기군수 주세붕이 사현정비를 세웠다. 인조 14년(1636) 순원군 안응창(安應昌)이 비각의 비명을 썼고 순조 21년(1821)에 안동영장 목사 안성연(安性演)이 비각을 세웠다 (경북 영주시 순흥면 읍내리)

사현정 우물

사현기적비

순흥(順興) 안(安)씨 이야기 · 13

화보(畫報)

봉서루(鳳棲樓). 문정공 근재(謹齋) 안축(安軸)이 지은 '순흥봉서루 중영기(順興鳳棲樓重營記)'와 '죽계별곡(竹溪別曲)'이 걸려있다. 경북문화재자료 제418호 (경북 봉화군 봉성면 봉성리)

봉서루중영기문(鳳棲樓重營記文)

죽계별곡(竹溪別曲) 제5장

화보(畵報)

좌로부터 탐진군(耽津君) 문열공(文烈公) 안원린(安元璘)의 단비와 신도비
(전북 전주시 완산구 삼천동)

탐진군파 헌납공후 칠정려각(七旌閭閣) (경남 의령군 부림면 입산리)

화보(畵報)

양공공(良恭公) 안조동(安祖同)의 묘소 (충북 청원군 현도면 노산리 장산)

원모재(遠慕齋). 양공공 안조동을 세사 봉사하는 재실 (충북 청원군 현도면 노산리 장산)

화보(畫報)

기천서원(箕川書院). 충정공(忠靖公) 안준(安俊)을 모신 서원 (경북 예천군 용궁면 월오리)

순흥안씨 양도공파 묘역(順興安氏良度公派墓域). 나라에서 하사받은 사패지로서 이 묘역에는 조선초기 개국공신인 3파 8세손의 흥녕부원군(興寧府院君) 양도공(良度公) 안경공(安景恭)을 비롯한 아들 손자에 이르는 3대에 걸친 묘역이다. 서울시 유형문화재 제 74호 (서울시 금천구 시흥동 산126)

화보(畵報)

양도공 부조묘. 순흥안씨 양도공파 묘역에 있는 사당으로 부조묘에 들어가면 대제학문(大提學門)이 있고 다음에 공신문(功臣門)이 있으며, 사당에는 '흥녕부원군 양도공 부조묘' 라는 현판이 걸려있고 사당안에 위패를 모시고 있다. 서울시 유형문화재 제 74호 (서울시 금천구 시흥동 산126)

양도공 부조묘(구)

화보(畫報)

도정공파(都正公派) 안종렴(安從廉) 이하 8세 설단
(경북 상주시 공검면 중소리)

기산단사적비(箕山壇事蹟碑)
(경북 상주시 공검면 중소리)

도정공 안종렴을 모신 재실 (경북 상주시 공검면 중소리)

화보(畵報)

신암서원(新岩書院). 취우정 안관의 학업과 덕행을 기려 건립된 서원 (경남 함안군 가야읍 신음리)

신안서원 전경

화보(畫報)

취우정(聚友亭). 안관이 낙향하여 강학하던 곳으로 지금은
재실로 이용되고 있다 (경남 함안군 산인면 입곡)

선무원종공신(宣武原從功臣) 안황(安璜)의 기적비 (경남 함안군 가야읍 신음동)

화보(畵報)

도산 안창호(安昌浩) 선생의 묘소 (서울 강남구 신사동 도산로 도산공원)

도산 안창호의 동상 (도산공원 내)

화보(畵報)

안중근 의사 동상 (서울 남산 안중근 기념관)

## 안중근 의사의 '최후의 유언'

내가 죽은 뒤에 나의 뼈를 하얼빈공원 곁에 묻어두었다가
우리 국권이 회복되거든 고국으로 반장해 다고.
나는 천국에 가서도 또한 마땅히 우리나라의 회복을 위해 힘쓸 것이다.
너희들은 돌아가서 동포들에게 각각 모두 나라의 책임을 지고
국민된 의무를 다하여 마음을 같이 하고 힘을 합하여
공로를 세우고 업을 이르도록 일러다고.
대한독립의 소리가 천국에 들려오면
나는 마땅히 춤추며 만세를 부를 것이다.

## 화보(畵報)

의사 안중근(安重根)

안중근 의사가 사용한 7연발 자동권총

1910년 일본법정에서 사형선고를 받는 모습

형장으로 향하는 안중근 의사의 마지막길

유해를 감옥 묘지로 발인하는 장면

화보(畫報)

안중근 기념관(安重根記念館) (서울 중구 남산)

國家安危 勞心焦思(국가의 안위를 걱정하고 애태운다) (안중근 기념관 경내)

안중근 의사 최후의 유언비 (안중근 기념관 경내)

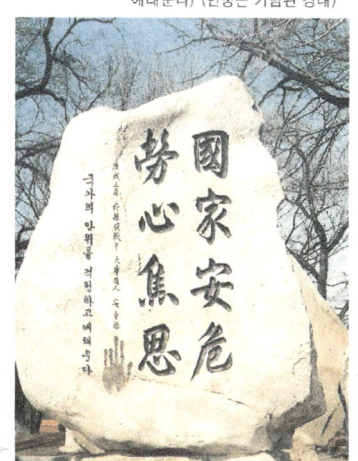

머리말

《 순흥(順興) 안(安)씨 이야기 》

　우리 한민족(韓民族)은 세계 어느 나라 어느 민족(民族)과도 비교되는 남다름을 담고 있는 민족이니, 그것은 유구한 역사와 시간 속에서도 한결같이 이어져온 하나의 혈맥(血脈)에서 나오는 자기 정체성과 일체감이 아닐까 합니다.
　우리들이 더욱 화목(和睦)하고 단합(團合)하여 국가(國家)와 민족(民族)에 봉사하는 것이야말로 우리들이 이 《순흥 안씨 이야기》를 발간하는 참뜻이라 할 것입니다.
　그런 의미에서 본 서책은 순흥 안씨에 관해 체계적으로 정리한 것으로 족인의식(族人意識)을 자각하고 일족(一族)의 친목(親睦)을 도모하며 조상(祖上)의 뛰어난 행적을 널리 알리고자 하는 목적으로 시대적 요구에 부응하는 가장 적합한 서책이라 할 것입니다.
　조상의 행적의 공(功)과 덕(德)이 많음에도 알지 못하면 부지(不知)의 소치이며, 그 공덕(功德)을 알면서도 전(傳)하지 아니하면 불인(不仁)의 소치라 하였습니다.
　급변하는 세상을 하루하루 바쁘게 살아오는 동안 오늘날 우리는 너나 할 것 없이 부지불인(不知不仁)을 면하지 못하고 있음을 생각하며 늘 안타까운 마음을 갖고 있던 차에 이렇게 우리의 역사를 성씨별로 읽기 쉽게 정리한 보첩이 발간되어 세상에 나오니 반가운 마음을 금할 수 없습니다.
　특히 요즈음 자라나는 새 세대들은 세계사(世界史)나 외국 위인(偉人)에 대해서는 잘 알면서도 자기(自己)의 가계(家系)나

머리말

  조상(祖上)들이 이루어 놓은 유사(遺事)에 관하여는 소홀히 하는 경향이 있는데, 이러한 시대적 상황에 처하여 온고지신(溫故知新)의 윤리도덕(倫理道德)으로 새로운 미풍양속(美風良俗)을 승화 발전시켜야 할 책무(責務)가 우리 세대에 요청받고 있으니, 다음 젊은 세대(世代)에게 올바른 윤리도덕(倫理道德)과 씨족(氏族)의 중요성을 일깨워야할 소명(召命)이며 의무(義務)가 아닐 수 없겠습니다.

  지금까지의 대부분의 문중 사료와 보첩들은 우리 후손들에게는 너무 어려워서 가까이 하지 못한 점이 늘 안타까웠기에 본 《 순흥 안씨 이야기 》는 남녀노소 모두에게 이해하기 수월하게 구성하여 묶어 내었습니다.

  이로써 생활 속에서 보다 가깝고 친근하게 조상(祖上)과 뿌리를 알게 하고 기본적인 예절을 알게 되는 계기가 될 것이라 기대합니다.

  그동안 이 보첩의 발간을 위하여 지원하고 노력하여주신 여러분들에게 진심으로 감사를 드리며, 우리민족의 위대한 발전과 도약을 기원합니다.

2014. 9. 25.<br>
성씨이야기편찬실

차 례

- □ 머리말 / 27
- □ 차   례 / 29
- □ 일러두기 / 30

## 화보(畵報) ································································ 3

## 순흥안씨(順興安氏)

연원과 씨족사(淵源과 氏族史) ································· 32
  시조 및 본관의 유래(始祖 및 本貫의 由來) ············· 32
  본관지 연혁(本貫地 沿革) ······································ 51
  순흥안씨의 주요 유적 ············································ 54
  세거지 변천(世居地 變遷) ······································ 66
  씨족사 개요(氏族史 槪要) ······································ 68

구보서문(舊譜序文) ·················································· 81

세계(世系)와 항렬(行列) ········································ 101
  세계도(世系圖) ···················································· 101
  주요 계파(系派) 일람표 ········································ 110
  항렬표(行列表) ···················································· 114

문벌록(門閥錄) ······················································· 119

역대 주요 인물(歷代主要人物) ······························ 129
  일파 인물(一派 人物) ·········································· 129
  이파 인물(二派 人物) ·········································· 155
  삼파 인물(三派 人物) ·········································· 159
  근대 인물(近代 人物) ·········································· 173

**일러두기**

1. 이 책은 전통적인 족보(族譜)와 보첩(譜帖)의 체제에서 벗어나 선조(先祖)들의 구체적인 행적(行蹟)에 대해 일반인들과 젊은 세대(世代)가 쉽게 보고 이해할 수 있도록 하는 것에 주된 방향을 맞추어 편찬하였습니다. 때문에 어려운 한문체(漢文體)의 내용이나 중복되는 내용이 많은 것은 배제하였습니다.

2. 본 보첩(譜諜) 편찬의 근본정신은 오랜 역사를 거쳐 오면서 유실된 사료(史料)와 각 씨족별로 나타나는 복잡하고 많은 이설(異說) 등의 다양한 견해(見解)를 모두 반영하기 보다는 자라나는 어린 후손들에게 보다 쉽고 친근하게 선조의 씨족사를 이야기하고 선조의 발자취를 보여줌으로써 자긍심을 키우고 미래를 밝혀줄 바른 정신을 전하고자 하는데 있음을 밝혀둡니다.

3. 본 서(書)는 각 성씨별, 관향별 종친회(宗親會)와 그 외 각 지파(支派)에서 발간해온 보첩과 자료를 주로 참고하였으며, 일반 서적과 사전류에 수록된 내용들도 발췌 정리하여 엮음으로써 가능한 한 많은 내용을 담도록 노력하였습니다.

4. 수록된 관향의 순서는 가나다순(順)으로 하였으나 편집의 편의상 선후가 바뀔 수도 있음에 양혜를 구하며, 인물의 경우 계대를 따르는 것을 원칙으로 하였으나 여의치 않을 경우 대략적인 활동 연대순을 따랐습니다.

5. 각 본관별(本貫別) 내용 구성은 먼저 주요 선조의 유적 유물 사진을 수록하고, 연원(淵源)과 씨족사(氏族史), 세계(世系)과 행렬(行列) 등을 한눈에 이해하기 쉽게 정리하고, 그리고 역대 주요 명현(名賢)의 생애와 업적을 이해하기 쉬운 약전(略傳) 형식으로 수록하였습니다.

6. 수록한 내용과 인물들은 삼국유사 《三國遺事》,삼국사기 《三國史記》,고려사 《高麗史》,조선왕조실록 《朝鮮王朝實錄》,고려공신전 《高麗功臣傳》,국조방목 《國朝榜目》 등의 일반 사료(史料)의 기록을 기반으로 하여 각 성씨별 문중(門中)에서 발행한의 보첩에 나타나 있는 명현(名賢)을 망라하였으나 자료의 미비로 부득이 누락된 분들은 다음 기회에 보완 개정하고자 합니다.

# 순흥안씨
## 順興安氏

순흥안씨(順興安氏)

# 연원과 씨족사(淵源과 氏族史)

시조 및 본관의 유래(始祖 및 本貫의 由來)

순흥안씨 시조(始祖) 안자미(安子美)

순흥안씨의 시조 안자미(安子美)는 고려 의종 24년(1170)에서 명종 10년(1180) 사이에 경북 순흥(慶北順興 : 당시 順安縣)에서 태어난 것으로 추정된다. 고려 신종(神宗)조에 흥위위(興威衛) 보승별장(保勝別將)을 지내고 문성공(文成公) 안향(安珦)의 귀현(貴顯)으로 인하여 신호위(神虎衛) 상호군(上護軍)을 추봉(追封) 받았다.

시조 상호군의 연대에 대하여 일부 문헌에는 남송 순희(南宋淳熙) 9년 즉 고려 명종 12년(1182)으로 되어있는 것을 볼 수 있다. 한편 문중에 전해오는 족보와 회헌실기(晦軒實記)에 근거하여 보면, 흥위위(興威衛) 보승별장(保勝別將) 벼슬을 지내고 추봉을 받은 것과 함께 큰 아들인 추밀원부사(樞密院副使) 안영유(安永儒)가 신종 4년(1201)생으로 기록되어 있고 또 3세 태사공(太師公) 안부(安孚)가 1220년에, 3파 5세 밀직제학공(密直提學公) 안석(安碩)이 1260~1267년에 태어난 것으로 추측된다.

시조 안자미(安子美)에게는 아들 3형제가 있어 큰 아들 안영유(安永儒)의 후손들을 1파로, 둘째 아들 안영린(安永麟)의 후손들을 2파로, 셋째 아들 안영화(安永和)의 후손들을 3파로 나뉘었다.

시조의 묘(墓)는 본시 순흥 소백산(小白山) 아래에 모셨는데, 묘의 표식물이 없어서 찾을 수가 없었다. 이에 순원군 안응창(安應昌)이 1647년 평리촌에 시조의 제단을 마련하고 향려단과 세연지비(洗硯

地) 등을 건립했으며, 무오년에 후손 종욱, 상봉, 교덕이 사단비를 세우고 추원재(追遠齋)를 이건(移建)했음이 총록에 기록되어 있다.

순흥의 시조사단 이전중건사업은 1985년부터 시작되었는데, 전국의 종원 5,000여 명이 성금을 기탁하여 순흥면 읍내리의 비봉산 43,000평을 종산(宗山)으로 매입하고 시조단(始祖壇)과 후손(後孫) 11기(基), 추원단비 등을 건립하여 성역화하였다.

한편 후손(後孫) 안기명(安基命)이 주관하여 발간(發刊)한 『갑신파보(甲申派譜)』 즉 1824년 간행된 순흥안씨 3파댁 파보(派譜)를 보면, 진위 종인(宗人)의 가첩(家牒)에서 시조(始祖)에 관하여 몇 가지 기록(記錄)된 사실(事實)을 알게 되어 당시 종중에서 확실한 고증을 얻어 보려고 많은 노력을 하였음을 알 수 있다.

## 시조 흥위위보승별장 추봉 신호위상호군공 관향유지사단기(始祖 興威衛保勝別將 追封 神虎衛上護軍公 貫鄕遺趾祀壇記)

삼가 상고하건대, 우리 순흥안씨는 고려시대로부터 동방의 대성(大姓)이니, 휘(諱) 자미(子美)가 신호위 상호군으로 추봉을 받으시고 안씨의 시조(始祖)이시다.

호군공은 세 아드님을 낳으셔서 3개 파로 나눠지니, 장남은 추밀부사(樞密副使) 영유(永儒)이시고, 추밀공이 태사문하시중(太師門下侍中) 부(孚)를 낳으시고, 태사공이 회헌(晦軒) 문성공(文成公) 향(珦)을 낳으시고, 문성공이 순평군(順平君) 문순공(文順公) 우기(于器)를 낳으시고, 문순공이 순흥군(順興君) 문숙공(文淑公) 목(牧)을 낳으시고, 문숙공이 순성군(順成君) 문혜공(文惠公) 원숭(元崇)을 낳으시고, 문혜공이 형조전서(刑曹典書) 경질공(景質公) 원(瑗)을 낳으시니 즉 제1파이다.

차남은 신기별장(神騎別將) 영린(永麟)이시니, 이부시랑(吏部

侍郎) 정준(貞俊)을 낳으시고, 시랑공이 검교(檢校) 군기감(軍器監) 성철(成哲)을 낳으시고, 검교공이 문의공(文懿公) 문개(文凱)를 낳으시고, 문의공이 순성군(順成君) 천선(千善)을 낳으시니 즉 제2파이다.

다음은 영화(永和)이시니, 득재(得財)를 낳으시고, 득재께서 희서(希諝)를 낳으시고, 희서께서 제학(提學) 석(碩)을 낳으시고, 제학공이 문정공(文貞公) 축(軸)을 낳으시니 즉 제3파이다.

모두 도덕문장(道德文章)과 공훈(功勳) 높은 장상(將相)으로 대대(代代)로 그 거룩함을 이으시고, 고려시대가 끝나고 우리 조선조(朝鮮朝)에 들어와 더욱 크게 번창하사 큰 선비와 현량(賢良)한 신하가 많이 나왔으며, 모두 능히 역대 조정(朝廷)을 도우사 명신(名臣)이 되시어 혹은 개국창업(開國創業)의 공훈(功勳)을 이루고 혹은 정치를 도와 태평시대를 이루니, 기린각(麒麟閣 : 공신의 초상을 걸었음)에 초상(肖像)을 그리어 거니 명성(名聲)이 역사에 빛나며, 외손(外孫)으로 왕후(王后)가 되신 분이 십여 분이시다.

호군공의 시대는 지금으로부터 5백여 년 전에 이르되, 자손의 번창과 가문(家門)의 귀(貴)하고 높음이 더욱 성하니 아, 위대하시도다!

순흥부 평리촌(坪里村)은 호군공의 고향이니, 후손들이 이곳에 거주하는 자 호적(戶籍)에 많고 옛집의 큰 나무가 지금도 있는지라, 정해년(丁亥年) 봄에 불초(不肖)가 순흥 도강리(道講里)의 16대조 추밀공(樞密公) 묘소와 백운동(白雲洞) 소수서원(紹修書院)의 14대조 문성공(文成公)의 영정(影幀)에 배례하고, 이어 호군공과 문성공이 대대로 전하신 옛집 터를 찾아본즉 옛 부성(府城)의 남쪽 수 리(數里)되는 평리촌 동향(東向)의 땅이다. 문성공의 세연지(洗硯池)라 하는 곳이 그 아래에 있고, 도 부성

동쪽 1리에 제학공(堤學公) 문정공 부자분이 사셨던 곳을 찾았는데 곁에 옛날의 우물이 있어 비석을 세워 사현정(四賢井)이라 새겼으니, 사현(四賢 : 제학공, 문정공, 문경공, 좨주공)이 같은 우물물을 마신 것을 표함이다.

내가 탄식하여 여러 종인(宗人)에게 말하기를, "사현이 쓰시던 우물도 오히려 표석(表石)을 세웠으나 우리 선조께서 서로 전해오신 옛집에는 표시한 것이 없어 황폐하고 식별(識別)할 수 없노라. 또 호군공과 태사공의 묘가 이 고을에 있었다고 옛 말에 전해오지만, 연대가 오래되고 능곡(陵谷)이 변천하여 그 지점을 알 수 없으니 이 일은 평생의 한이로다. 그윽이 듣건대 근세(近世)에 대가(大家)인 청주한씨, 평산신씨, 안동권씨, 의성김씨들이 다 그들의 시조(始祖)를 고향에서 제사지내고 조상의 은혜를 갚는 일을 극진히 한다하니, 우리 선조 호군, 태사 두 분이 남기신 적선(積善)과 지손의 오랜 번성함이 저들 몇 집안에 뒤지지 않거늘, 오히려 조상을 제사지내고 정성을 베풀 장소가 없으니 어찌 자손들의 수치가 아니리오. 생각건대 이 옛터는 실로 호군공이 대대로 사신 곳이니 이제 비석을 세워 지나는 사람으로 하여금 우러러 보는 곳이 되게 하고, 또 그 곁에 단(壇)을 설치하고 근처에 전답(田畓)을 마련하여 제수를 풍족하게 하고 종인(宗人)으로 하여금 제사를 번갈아 맡게 하며, 송(宋)나라 유현(儒賢)들이 정한 예식에 따라 10월1일 아침에 모여 제사를 드리는 것을 영구한 규칙(規則)으로 삼아 길이 바꾸지 않는 것이 조상을 받드는 아름다움이 아니리오"라고 하였다.

다들 응낙하는지라 즉시 통문하여 동종(同宗)에 널리 고하여 각기 돈을 내어 사역(事役)을 도우니, 아, 자고로 거가대족(巨家大族)이 조상의 충효근검(忠孝勤儉)으로 말미암아 성립되지 않은 것이 없고, 또 자손들의 완악(頑惡)과 오만으로 쇠퇴 멸망하지 않음이 없다. 시조 호군공이 언덕진 동산에 숨은덕으로 집을 다스리고 자손이 다 부조의 교훈을 실천하고 힘써 전하니, 증손 문성공에 이르러서는 유학(儒學)을 주창하여 밝히고 유풍(儒風)을 크게 열어 큰 스승의 계통을 곧게 이어 동방의 유종(儒宗)으로 우뚝 서시어 문묘(文廟)에 배향되고 천추(千秋)에 제사를 받으시니, 이는 참으로 유학의 준칙(準則)이다. 자손에 본보기가 되도록 그 택리(宅里)를 표시하여 후인들이 보고 느끼게 하고 사람의 도리와 사회의 풍교에 도움이 되게 함이 어찌 적다 하리오.

이런 일은 가히 간략히 적지 않을 수 없지만, 대대로 전해오는 계파(系派)를 갖추어 함께 적고, 또한 관향(貫鄕)의 시향(時享) 올리는 일과 비를 세운 전말(顚末)에 대하여 감히 새기기를 청하여 적는 바이니 엎드려 빌건대 살펴보시옵소서.

갑오(甲午 1654) 1월 15일
후손 부사(府使) 응창(應昌) 삼가 적음

### 순흥안씨추원단비문(順興安氏追遠壇碑文)

동방(東方)의 대성(大姓)으로 역사(歷史)가 오래된 명문현벌(名門顯閥)을 꼽는다면 순흥안씨가 으뜸으로 꼽힐 것이다. 고려 신종 때 흥위위 보승별장(興威衛保勝別將)이며 신호위(神虎衛) 상장군(上將軍)으로 추봉(追封)된 휘 자미(子美)가 시조(始祖)가 된다. 묘소가 순흥 소백산에 있었다고 하나 표석(表石)이 없어 찾지 못하니, 후손들 가슴에 사무치는 한(恨)을 품게 한다. 옛 택지는 순흥성 남쪽 수 리(數里)되는 평리촌(坪里村) 진향(辰向)에 있었으니 회헌 선생(晦軒先生)이 일찍이 벼루를 씻으시던 세연지(洗硯池)가 그 아래에 있다.

인조 정해년 봄 17대손 순원군(順原君) 응창(應昌)이 의성현령으로 부임하여 누대 조상(累代祖上)이 있는 관향(貫鄕)을 찾아 인근에 사는 제종(諸宗)과 협의하여 효종 갑오에 상호군공(上護軍公), 태사공(太師公)의 세사단(歲祀壇)을 축조하였으며, 효종 을미년 봄에 고려 선현(高麗先賢)인 문성공(文成公) 회헌선생(晦軒先生)의 향려비(鄕閭碑)를 세워 향려단(鄕閭壇)이라 칭하였다. 이어 전토(田土)를 마련하여 나라의 대제(大祭)로 추앙하되, 송조유현(宋朝儒賢)의 예(禮)를 본받아 매년 시월 초하룻날 아침에 회제(會祭)하는 것으로 영원(永遠)의 규칙을 삼았다.

상호군공(上護軍公)이 삼자(三子)를 생(生)하니, 장(長)은 휘 영유(永儒)로 고려 신종 4년 신유(辛酉)에 생(生)하여 추밀원부사(樞密院副使) 상호군(上護軍)으로 추봉되고, 묘(墓)는 순흥 부석면 감곡리 지장산 신좌(辛坐)이다. 고종 경진(庚辰)에 휘 부(孚)를 생(生)하니, 갑진(甲辰)에 문과에 올라 관(官)이 밀직부사(密直副使) 판도판서(版圖判書) 태사문하시중(太師門下侍中)으로 추봉되었다. 태사공(太師公)이 현인(賢人)을 계도(啓導)한 공(功)이 있어 태중(太中), 위재(韋齋) 양현(兩賢)과 더불어 아름다움이 천추(千秋)에 짝하였으며, 묘(墓)는 순흥에 있었다고 하나 실전(失傳)하니 상호군공단(上護軍公壇)에 종향(從享)하였다.

고종 계묘(癸卯)에 태사공(太師公)이 향(珦)을 생(生)하니 초휘(初諱)는 유(裕)이다. 선생은 젊어서부터 성리학(性理學)을 좋아하여 원종 경신(庚申)에 나이 십팔 세로 문과에 급제하고, 기축(己丑)에 충선왕을 따라 원(元)나라에 가서 연경에 유하여 주자서(朱子書)를 베끼고, 또 공자(孔子)와 주자의 초상을 본떠서 귀국하여 성리(性理)를 강구하고 정사(精舍)를 축조한 뒤 봉안하고 조석으로 우러러 배알경모(拜謁敬慕)함으로 해서 회헌(晦軒)이라 호(號)하였다. 공자와 주자를 존숭하여 도학을 일으키니 우뚝 동방도학(東方道學)의 조(祖)가 되었다. 관(官)은 삼한삼중대광 도첨의중찬 수문전태학사(三韓三重大匡都僉議中贊修文

殿太學士)요 시(諡)는 문성(文成)이며, 충숙왕 기미(己未)에 문묘(文廟)에 종사하였다. 중종 임인(壬寅)에 문민공(文敏公) 주세붕 선생이 서원을 순흥 백운동에 창건하였고, 명종 을유(乙酉)에 문순공(文純公) 퇴계 이황 선생이 백록동고사(白鹿洞故事)에 의하여 조정에 주청함으로써 소수서원(紹修書院)에 액(額)과 경적(經籍)을 하사받으니 우리나라의 서원은 이로부터 시작되었다.

회헌 선생이 휘 우기(于器)를 생(生)하니, 호는 죽옥자(竹屋子)요 문과에 올라 관(官)이 광정대부(匡靖大夫) 검교첨의찬성사檢校僉議贊成事) 겸 판전의사사(兼版殿儀侍事)요, 순평군(順平君) 시(諡) 문순(文順)이다. 문순공(文順公)이 이자(二子)를 생(生)하니 장(長)은 휘 목(牧)으로 호는 겸재(謙齋)요, 관(官)이 통헌대부(通憲大夫) 정당문학(政黨文學) 진현관대제학(進賢館大提學)으로 순흥군(順興君)에 봉해지고 시(諡) 문숙(文淑)이다. 차(次)는 휘 신(愼)이니 우사의대부(右司議大夫)로 부도감판관(簿都監判官)이요, 묘는 실전(失傳)하여 융희 첫 임술(壬戌) 봄에 후손 종덕(鍾悳), 규용(奎瑢), 승필(承弼) 등 제종(諸宗)이 순흥 평리마을 오산(梧山)에 단(壇)을 설(設)하였다.

순흥군(順興君)이 삼자(三子)를 생(生)하니 장(長)은 원숭(元崇)으로 문과에 올라 관(官)이 광정대부(匡靖大夫) 정당문학(政黨文學) 예문관대제학(藝文館大提學)으로 순성군(順成君)에 봉(封)해지고 시(諡) 문혜(文惠)요, 차(次)는 휘 원형(元衡)이니 문과에 올라 관(官)이 금자광록대부(金紫光祿大夫) 정당문학(政黨文學) 벽상삼한삼중대광 보국문하시중평장사(壁上三韓三重大匡輔國門下侍中平章事)요 좌명공신(佐命功臣)으로 죽성군(竹城君)을 봉하니 시(諡)는 문혜(文惠)요, 차(次)는 원린(元璘)이니 문과에 올라 관(官)이 정당문학(政黨文學) 검교중추부사(檢校中樞府使)로 탐진군(耽津君)에 봉하니 시(諡)는 문렬(文烈)이다.

판관공(判官公)이 삼자(三子)를 생(生)하니 장(長)은 휘 훈(勳)이니 판관(判官) 전교사사(典校寺事)요, 차(次)는 휘 정(貞)이니 예빈윤(禮賓尹)이요, 차(次)는 휘 경(璟)이니 문과에 올라 주부동정낭장(主簿同正郞將)의 벼슬을 하니 곧 일파(一派)이다.

시조공(始祖公)의 차자(次子)는 휘 영린(永麟)이니 신기별장(神騎別將)에서 밀직부사(密直副使)로 추봉되었다. 공이 휘 정준(貞俊)을 생(生)하니 이부시랑(吏部侍郞)으로 추봉되었다. 공이 휘 성철(成哲)을 생(生)하니 검교(檢校) 군기감(軍器監)이요, 원종 계유(癸酉)에 휘 문개(文凱) 생(生)하니 초휘(初諱)는 균(鈞)이요 호(號)는 질재(質齋)니 문과에 올라 동한보절진충무극공신(東韓保節盡忠無極功臣) 광정대부(匡靖大夫) 첨의참리(僉議參理) 찬성사(贊成事) 예문관대제학(藝文館大提學) 감춘추관사(監春秋館事) 전리판서(典吏判書) 영효사관사(領孝思觀事) 삼중대광 좌의정(三重大匡左議政) 봉 순흥부원군(順興府院君)으로 시(諡)는 문의(文懿)이다.

이상 사세(四世)의 묘를 실전하여 융희 후 첫 무오(戊午)에 후손 종묵(鍾默), 재영(在永), 재준(載駿), 상호(相鎬) 등 여러 종인들이 협로(協勞)하여 세사단(歲祀壇)을 순흥 석교리 서쪽 언덕에 축조하고, 창경(昌慶)이 단기(壇記)를 짓고, 창렬(昌烈)이 문의공(文懿公) 질재 선생(質齋先生) 여항비(閭巷碑)를 세우고 지(誌)를 찬(撰)하였다.

문의공이 오자(五子)를 생하였는데 장(長)은 휘 천서(千瑞)니 통례문 지후(通禮門祇侯)요, 차(次)는 천길(千吉)이니 영낭장(領郞將)이요, 차(次)는 천선(千善)이니 문과에 올라 관(官)이 정당문학(政堂文學) 보문각대제학(寶文閣大提學)으로 봉(封) 순성군(順城君) 시(諡) 양정(良定)이요, 묘(墓)는 실전(失傳)하여 예천 백송동 건지산에 사단(祀壇)을 설(設)하였다. 차(次)의 휘는

순흥안씨(順興安氏)

천송(千松)이니 산원(散員)이다.

천서공(千瑞公)이 이자(二子)를 생(生)하였는데, 장(長)은 휘 인발(仁發)이니 진사(進士)요, 차(次)는 원기(原起)니 호조전서(戶曹典書)이다. 양정공(良定公)이 삼자(三子)를 생(生)하였는데 장(長)은 휘 손주(孫柱)니 중랑장(中郎將) 문과 찬성(贊成)으로 봉(封) 순양군(順陽君) 시(諡) 경혜(景惠)요, 묘는 실전하여 양정공(良定公)과 동단종향(同壇從享)하였다. 차(次)는 휘 천봉(千鳳)이니 예부의랑(禮部議郎)이요, 차(次)는 휘 천보(天保)니 관(官)이 보국숭록대부(輔國崇祿大夫) 좌의정 영돈녕(左議政領敦寧)으로 시(諡) 소의(昭懿)이니 곧 이파(二派)이다.

시조공(始祖公)의 제삼자(第次子)는 휘 영화(永和)이니 전리정랑(典理正郎)이다. 공이 이자(二子)를 생(生)하니 장(長)은 휘 득재(得財)요 호장(戶長)에서 호부낭중(戶部郎中)으로 추봉되었다. 공이 휘 희서(希諝)를 생(生)하니 판전객시사(判典客寺事)이다. 위 삼세(三世)의 묘를 실전하여 순조 을유(乙酉)에 후손 기명(基命), 성로(性老) 등 제종(諸宗)이 사단(祀壇)을 사현정(四賢井) 남쪽 대산(臺山)에 설(設)하니 곧 대산단(臺山壇)이다.

판전객시사공(判典客寺事公)이 휘 석(碩)을 생(生)하니 충렬왕 8년에 문과에 올랐으되 은덕불사(隱德不仕)하니 봉익대부 밀직제학(奉翊大夫密直提學)으로 추봉되고 시(諡) 문경(文敬)이니 세 아들과 함께 성동 일리(城東一里)에서 동거(同居)하였다. 구거(舊居)하던 집 곁에 옛 우물이 있어 인종 을사(乙巳)에 문민공(文敏公) 주세붕(周世鵬) 선생이 사현정비(四賢井碑)를 세워 표징하였다.

문경공(文敬公)이 오자(五子)를 생(生)하였는데 장(長)은 휘 헌(軒)이니 판전객시사(判典客寺事)요, 차(次)는 휘 축(軸)이니 호는 근재(謹齋)며 충숙왕조에 문과에 등제(登第)하고 갑자

(甲子)에는 원조 제과(元朝制科)하여 칙수장사랑(勅授將仕郎) 요동로개주판관(遼東路蓋州判官)이요, 본국(本國)에서는 삼중대광첨의찬성사(三重大匡僉議贊成事) 흥녕부원군(興寧府院君) 우문관대제학(右文館大提學) 감춘추관사(監春秋館事)로 시(試)는 문정(文貞)이다. 차(次)는 휘 보(輔)니 문과에 올라 전법판서(典法判書) 예문관대제학(藝文館大提學)으로 시(試)는 문정(文貞)이요, 묘는 실전(失傳)하여 융희 후 첫 무오(戊午)에 혁중(赫中), 필중(必中) 등 제종(諸宗)이 협로(協勞)하여 대산단(臺山壇)에 추설(追設) 배향하고 동시에 세사단비(歲祀壇碑)를 세웠다. 차(次)는 휘 집(輯)이니 문과에 올라 관(官)이 수충보리공신(輸忠輔理功臣) 삼중대광(三重大匡) 보문각대제학(寶文閣大提學) 성균관좨주(成均館祭酒)요 봉(封) 순흥군(順興君)이다. 묘는 실전하여 순조 을유(乙酉)에 대산단(臺山壇)에 동향(同享)하였다. 차(次)는 휘 을수(乙壽)니 중랑장(中郎將)이다.

판전객시사(判典客寺事) 헌(軒)공이 이자(二子)를 생(生)하니 장(長)은 휘 상봉(祥鳳)이니 도사(都事)요, 차(次)는 휘 상은(相殷)이니 총랑(摠郎)이다. 문정공(文貞公)이 이자(二子)를 생(生)하니 장(長)은 휘 종기(宗基)니 보마배행수별장(寶馬陪行首別將)이다. 차(次)는 휘 종원(宗源)이니 호는 쌍청당(雙淸堂)이요 문과에 올라 관(官)이 밀직제학(密直提學) 영삼사사(領三司事) 우문관대제학(右文館大提學) 보국숭록대부(輔國崇祿大夫) 판문하부사(判門下府事) 집현전태학사(集賢殿太學士)요 흥녕부원군(興寧府院君) 시(諡)는 문간(文簡)이다. 좨주공(祭酒公)이 휘 영부(永孚)를 생(生)하니 진현관제학(進賢館提學)이다. 중랑장공(中郎將公)이 휘 처량(處良)을 생하였다.

시조공의 삼자(三子)인 전리정랑공(典理正郎公)의 차자(次子)는 득인(得仁)이니 검교대장군(檢校大將軍)이다. 검교공(檢校公)

이 휘 시필(時弼)을 생(生)하니 통훈대부 예빈정(通訓大夫禮賓正)으로 곧 삼파(三派)이다.

초조(初祖)이신 상호군공(上護軍公)께서 덕업을 닦아 여경(餘慶)을 기르심으로써 도학(道學) 문장(文章) 충효절의(忠孝節義)가 서로 뒤를 이어서 대대로 세상에 공헌하였으니, 그 미거(美擧)와 문벌(門閥)의 융성함은 송나라 하남의 정씨(程氏), 신안의 주씨(朱氏)와 더불어 함께 꼽을 만하다. 과거에 등제한 현인군자를 요약 기록하면 문과 백팔십 분, 사마(司馬) 삼백이십오 분, 봉군(封君) 또는 시호(詩號)를 하사받음이 삼십여 분이요, 문묘배향(文廟配享)과 서원사향이 육십여 위이며, 항일투쟁에 이르러서는 애국지사로 중근의사와 창호 도산공 외 수백 인이다.

추원재(追遠齋)는 옛 그대로 석교리(石橋里) 246번지에 있었으니, 순원군(順原君)이 건립한 것으로 초옥의 가목(架木) 약간이 세월이 오래됨에 따라 퇴비(頹圮)하고, 규모와 제도가 소박하나 협소하므로 단기 4251년 무오(戊午)에 후손 종욱(宗煜) 외 여러 종원들이 힘을 협력하여 향려단(鄕閭壇)을 수축하고 세사단비(歲祀壇碑)를 세웠으며, 또 추원재 초가를 석교리 229번지에 와가(瓦家)로 이건하여 경신년 봄에 낙성(落成)을 고했다. 무술년 가을에는 추원재 증축을 공의(公儀)하고 후손 인식(寅植) 외 137인이 연명(聯名)으로 팔도동종(八道同宗)에 통고하여 재물을 모으고 공인(工人)을 불러 경자년에 강당(講堂) 및 동재(東齋)와 부속 건물을 증축하니 마을의 경관이 개신되고 누대 조상이 있는 향토가 광채를 더하였다.

임인년 가을에 종의(宗議)가 향려단(鄕閭壇)을 재실 뒤 181번지 전(田)으로 이설키로 하여 계묘년 봄에 기공(起工)하고 7월 17일에 안석(安石)하니, 산파단(山坡壇)은 동시 완성하고 대산(臺山), 오산(梧山)의 이단(二壇)은 삼년이 지난 병오년 가을에 이안(移安)하니 승규(承奎) 외 제종(諸宗)이 노고를 들어 준공하였다. 그 후 을축년 가을 순흥 소수서원 대강당에서 개최한 전국화수회총회(全國花樹會總會) 때에 여러 종인들이 모두 논의하기를, 추원재 뒤는 사단(祀壇)의 제도(制度)가 박협하여 격증하는 참사자를 수용할 수 없어 제사드리기가 지극히 어려우며, 배열(配列)한 질서가 어지럽고 주위 환경의 오염으로 불결하니 성역지로 옮겨 봉안하자는 건의를 의결하였다. 그리고 일·이·삼파(一·二·三派) 종회(宗會)와 합의하여 순흥안씨 시조사단 이전중건사업 추진위원회를 구성하고 규약, 임원, 사업계획을 성안(成案)하여 전국제종(全國諸宗)에게 통고하니 보본(報本)하는 성력(誠力)이 답지하였다.

병인년 봄 비봉산 13정보(一三町步)를 매입하고 정묘 2월 8일 기지(基址)를 영산(靈山)의 양지(陽地)바른 길국(吉局)에서 열으니, 터전의 규모가 정연하여 위로 시조 상호군공단(上護軍公壇)이 되고, 아래에 중앙으로부터 좌(左)는 태사공위단(太師公位壇)이니 전일(前日)의 향려단(鄕閭壇)이요, 우(右)는 판관공위단(判官公位壇)이니 전일(前日)의 오산단(梧山壇)이며, 서(西)는 신기별장공위외(神騎別將公位外) 삼위(三位)이니 곧 전일(前日)의 산파단(山坡壇)이며, 우동(右東)은 전리정랑공외(典理正郞公外) 사위(四位)이니 전일(前日)의 대산단(臺山壇)이다. 전례대로 시공(施工)하여 무진년 가을 대공사를 준공하니 전체를 일러 순흥안씨 추원단(追遠壇)이라 이름하였다.

아아! 아름답고 성대하여라. 많고 많은 훌륭한 후예들이 합심협력하여 매진하였음이로다. 만일 추원보본(追遠報本)의 열성이 없었다면 어찌 이 대사업을 성취할 수 있었으리오. 후손 경모(京模) 등 제언(諸彦)이 세승(世乘)을 받들고 와서 나에게 명(銘)을 하나 지어줄 것을 청하기에 내 후학으로 아는 것이 어리다 하여

순흥안씨(順興安氏)

사양하였으나 얻지 못하고 마침내 넘침을 헤아리지 못하고 삼가 살펴보면서 차례대로 삼가 찬(撰)하고 명(銘)을 이었다. 명하여 이르노니,

    순흥(順興) 땅에 정착하여 터전을 잡고
    향기로움을 동방(東方)에 뿌렸도다.
    덕업(德業)을 심고 여경(餘慶)을 기르셨기에
    삼형제 모두 훌륭하게 되셨네.
    태사공(太師公)은 현인(賢人)을 계도하신 공(功)이 있어
    위제(韋齊)와 함께 짝이 되도다.
    하늘이 회헌 선생(晦軒先生)을 내시니
    공자(孔子)와 주자(朱子)를 존숭하도다.
    지난 성인(聖人)을 계승하고
    후학(後學)을 열어줌으로 도학(道學)의 조(祖) 되셨네.
    조정(朝廷)에서 높이 받들어
    성무(聖廡)에 올려 배향하도다.
    훈도(訓陶)의 교화(敎化)가 미쳐서
    대대로 석덕(碩德)이 배출되어
    임금을 위해 몸을 바치고 백성에게 혜택을 입혀서
    가문과 나라를 진양(振揚)케 하였네.
    세대가 오래되어 능곡(陵谷)도 변하니
    아무리 찾아도 실전된 묘는 찾을 길 없어
    단(壇)을 세우고 제사 받든 지 삼백여년이로다.
    비봉산 명당 언덕에 옮겨 축성봉안(築城奉安)하니
    큰 본을 싣고서 거듭 돌아옴이여.
    여러 대 쌓아온 아름다운 덕화(德化) 더욱 더 드날리니
    높이는 저 소백산과 같이 하고

그 영원함은 죽계(竹溪)와 함께 하리로다.

단기 4323년(四千三百二十三年) 경오춘(庚午春)<br>
후학 성균관장 광산 김경수(金敬洙) 근찬(謹撰)

* 순흥의 속칭 「안(安)터」 건너편에 있는 명산(名山) 비봉산(飛鳳山) 4만3천평에 축조(築造)되었다. 1987년 2월 8일 기공하여 위는 시조(始祖) 상호군공위단(上護軍公位壇)이 되고, 그 아래에 중앙으로부터 좌(左)는 태사공위단(太師公位壇)이니 전날의 향려단(鄕閭壇)이고, 우(右)는 판관공위단(判官公位壇)이니 전날의 오산단(梧山壇)이다. 서(西)는 신기별장공위(神騎別將公位) 외 삼위(三位)이니 곧 전날의 산파단(山坡壇)이며, 우동(右東)은 전리정랑공(典理正郞公) 외 사위(四位)이니 전의 대산단(臺山壇)이다. 1988년부터 추원재 제향을 이 신단소에서 모시기 시작했다.

1990년 봄에 '순흥안씨(順興安氏) 추원단비(追遠壇碑)'를 세웠다. 여기에는 시조이하 7대에 이르는 선조님들의 빛나는 사적과 그간의 관향지 종사(宗事) 연혁, 이 종사에 힘쓴 선조님들의 기적(紀蹟), 또 이번 시조사단을 이전하여 중건한 사실들을 기록해 놓았다.

### 산파단 건설기(山坡壇建設記)

소백산(小白山) 아래 죽수(竹水:竹溪)의 위에 평리촌(坪里村)이 있으니, 즉 나의 상조(上祖)이신 호군공(護軍公:子美)의 고택(古宅)이 이곳이다. 그 풍운(風雲)을 입었던 바에 길을 다니는 사람이 읊조리며 자꾸 칭송한 것이 멀리 오백년이나 되는데, 능곡(陵谷)이 변천하여 까마득히 묘소의 확증을 잃게 되었다.

## 순흥안씨(順興安氏)

지난 효종조의 세대(世代)에 있어서 순원군(順原君 : 應昌)이 슬프게 여기면서 추모하여 향려단(鄕閭檀)을 창건하여 우리의 호군공(護軍公)과 태사공(太師公) 두 분을 세사(歲祀)에 모시고 계속하여 제삼파(第三派)의 파조(派祖)도 대산단(臺山壇)을 두어 향단(鄕壇)에 의례(儀禮)를 준행하니, 아! 위대하구나.

누군들 우리 자손의 직분이 아님이 없는데도 다음으로 우리 파조(派祖)는 여러 세대 동안 아직도 단(壇)의 향사를 빠뜨렸으니 어찌 자손들이 겨를이 없어 이루지 못한 책임이 아닐쏘냐?

무오(戊午 : 1918)년에 추원재(追遠齋)를 중건하는 날짜를 인연하여 순흥부(順興府)의 서쪽 수 리(數里) 남짓한 산파(山坡)의 둔덕에 지역(地域)을 상(相)보아 우거진 잡초를 제거하고 단(壇)을 쌓아 비석을 다듬어 표(表)하고 밀직공 이하(密直公以下) 사세위(四世位)를 향사하고, 연이어 문의공여항비(文懿公閭巷碑)를 단의 동쪽에 세우고 주위에 담장을 쌓고 토지를 사서 제전(祭田)을 마련하여 이곳에 제수(祭需)를 비치하였다.

둘러서 사방을 바라보니 엄숙히 기둥처럼 높다란 시조의 향려단이 중앙에 서 있고, 동쪽에 대산단(臺山壇)이, 남쪽에 오산단(梧山壇) 및 산파단(山坡壇)이 나란히 높다랗게 나열되어 마치 효자와 초손(肖孫)이 추창하며 모시며 일당(一堂)에서 부르고 대답하는 것과 같았다. 아늑하면서도 확 트인 것이 북쪽의 소수서원과 금성단(錦城壇)이며, 맑고 차디찬 것은 깊고 고요한 세연지(洗硯池)와 사현정(四賢井)이다.

이 역사(役事)를 처음부터 끝까지 주간한 사람은 종묵씨(鍾默氏)와 재준씨(載駿氏)와 재영씨(在永氏)이며, 역사에 전(傳)함을 윤색(潤色)하여 비석에 기재한 사람은 창경씨(昌慶氏)였다.

후손 통정(通政) 창경(昌慶)

* 순흥면 석교리 516의 1에 철종 9년(1858) 이파(二派)의 파조(派祖) 밀직부사(密直副使) 안영린(安永麟)을 위시하여 3세조 이부시랑(吏部侍郎) 안정준(安貞俊), 4세조 밀직부사 안성철(安成哲), 5세조 예문관(藝文館) 대제학(大提學)에 찬성사(贊成事)를 지낸 문의공(文懿公) 안문개(安文凱) 등 4위(四位)를 설단하였던 옛터다.

## 대산단 실기(臺山壇實記)

슬프다, 우리 상호군부군(上護軍府君) 묘소가 오래되어 실전되니 오백여 년후 을미년(1655)에 14대손 순원군(順原君) 응창(應昌)이 그 관향(貫鄕) 순흥읍의 남쪽 평리촌(坪里村) 옛터에 단을 쌓고 비를 세워 허위(虛位)를 설치하고 사모하는 처소로 삼고, 전토(田土)를 사고 지키는 사람을 두어 제수를 풍족하게 하여 길이 추모하는 정성을 펴서 10월 1일에 제사를 드리고 일파의 태사공(太師公 : 휘 孚)를 아울러 배향하니 그 뜻이 아름답고 그 일이 성대하도다.

 우리 삼파의 이세 부군 이하 삼대의 산소가 전해지지 못하고 단을 쌓고 제사 올리는 일을 거행하지 못하였는데, 이제 숭정(崇禎) 4년 을유(乙酉) 순조 25년(1825) 가을에 평리촌 동쪽 일리(一里)되는 대산(臺山) 밑에 비로소 단을 만드니, 곧 근재(謹齋 : 휘 軸) 선조가 사시던 궐리촌(闕里村) 사현정 곁이다. 이세 부군과 삼세 부군을 모시고 10월 2일에 제사를 드리며 문정공(文貞公)의 막내 아우 좨주공(祭酒公 : 휘 輔)을 추가로 모셔 제사의 식은 시조사단의 제도에 따른다.

 그윽이 생각건대 이 세 부군의 시대는 육백여 년 전의 일이요, 시조사단을 세운 을미(乙未 : 1655)에서 오늘 을유(乙酉 : 1825)까지는 일백칠십 년이 지난지라, 오랜 세월에 미쳐 겨를을 내지

순흥안씨(順興安氏)

못했던 일을 이제 이루어서 순원군이 시작한 아름다운 일을 따라 행하는 날이 왔으니 어찌 행운이 아니리오. 이로써 혼령을 엄숙히 존경하는 단소가 있어 영원히 잊지 않는 마음을 붙일 곳이 생겼으니 자손에게 다행함이 이보다 더 크리오. 한 골의 선비들도 아울러 높이 받들어 처음 우리 안씨의 향기를 심은 곳의 풍속이 길이 이어가니 더욱더 긍지를 느끼도다. 후손이 가난하고 재력이 미치지 못하여 단사(壇祀)가 소홀하며 간략하며, 또 방조(傍祖) 문경공(文敬公:휘 輔) 한 분을 같이 모시지 못하니 이 어찌 후세 사람의 책임이 아니리오. 이 일을 주간(主幹)하고 정성을 다한 자는 경기파의 성로(性老)와 기명(基命), 그리고 풍기(豊基)의 정록(廷錄)씨들이다.

돌아보건대 재능이 없는 나는 병으로 궁색한 시골에 묻혀 처음 의논(議論)할 때는 참석은 하였으나 공사를 마칠 때 같이 수고를 못했으니 부족감이 큰지라, 기명씨가 행사를 마치고 돌아오는 길에 축단일기(築壇日記) 한 통을 보이거늘 혹시 지낸 사적이 없어질까 하여 대략을 기재하노라.

을유(乙酉:1825) 납월(臘月:12월) 상순
후손 환(煥)

* 순흥면 읍내리 84번지에 순조(純祖) 25년(1825)에 3파 파조 교서랑(校書郞) 안영화(安永和)와 3세조 호부시랑(戶部侍郞) 안득재(安得財)와 4세조 판전객시사(判典客寺事) 안희서(安希壻)와 6세조 전법판서(典法判書) 예문관 대제학 문경공(文敬公) 안보(安輔)와 아우 보문관(寶文館) 대제학에 성균관(成均館) 좨주(祭酒)를 지낸 안집(安輯) 등 5위를 설단하여 봉사한 자리이다.

1985년에 유허비(遺墟碑)를 비롯하여 위의 다섯 분 외에 5세조 안석(安碩), 6세조 안축(安軸), 7세조 안종원(安宗源) 세 분을 더하여 비를 세우고, 1987년 5월에는 조경공사를 하여 주위를 미화하였다.

## 순흥향려비명병서(順興鄕閭銘幷序)

옛 순흥부 북쪽 백운동에 문성공(文成公, 安珦)을 모신 사당이 있다. 기록에 의하면 이른바 소수서원이 이것이다. 또한 고을 남쪽에 안씨의 옛터가 있는데, 사당에서 7리 쯤 되며 그 곁에 조그만 연못이 있다. 이를 '세연지(洗硯池)'라 하여 옛 사적으로 삼아 지금도 사람들이 이곳을 이야기하고 경의를 표하며 고사로 전해오고 있다. 문성공의 부친인 태사(太師) 부(孚)와 태사공의 할아버지 신호위 상호군 자미(子美) 두 선조가 이곳에서 살았었다고 한다.

안씨의 번성함은 실로 상호군이 덕을 쌓은 데서 이루어졌기 때문에 후세에 사당을 지어 시조로 삼았다. 이제 여기에 제단을 쌓고 제전을 마련하여 매년 10월 상일에 태사공과 배향하여 제사드린다. 또한 동쪽으로 1리쯤에 안씨 사현정(四賢井)이 있는데, 가정(嘉靖) 연간에 신재(愼齋) 주세붕이 비석을 세워 사적을 기록하기를 "보첩을 살펴보면 삼한의 훌륭한 씨족으로 많은 성씨 가운데는 고귀한 집안이 한둘이 아니지만, 큰 어진 이의 씨족으로 명인과 달관이 유달리 많이 배출되어 전에 없이 번성한 성씨는 안씨다"라고 하였다. 문성공은 고려 고종, 원종, 충렬, 충선왕에 즈음하여 그 사업은 많은 기록에 나타나 있고 또한 장단(長湍)에 있는 묘갈명에서도 찾아볼 수 있다.

지금 임금 7년 봄에 안씨 자손들이 선생의 옛 마을에 여표(閭表)를 세운다. 이는 안씨의 자손들이 서로 전하고 표시하는데 그치는 것이 아니라, 먼 백대의 훗날이라도 이 정려를 지나는 길손이 선생의 남기신 교화를 잊지 않고 공경할 줄을 알게 하려 함이다. 이에 명을 짓는다.

순흥안씨(順興安氏)

여표(閭表)의 비석으로
크게 밝은 분을 흠모하니
엄하신 듯 신령하신 듯하네.
제단을 마련하여
그 시초를 미루어서
경건히 제사드린다.

가선대부 행성균관 대사성 황호가 짓고,
자헌대부 의정부 좌참찬인 김광욱(金光煜)이
새기고,
김계(金棨)는 글씨를 쓰다.


* 경상북도 영주시 순흥면 읍내리(慶尙北道 榮州市 順興面 邑內里)에 있는 순흥향려비(順興鄕閭碑)이다. 효종 7년(1656)에 세워진 이 비는 황호(黃㦿)가 비문을 짓고, 김계(金棨)가 글씨를 썼으며, 김광욱(金光煜)이 전액(篆額)을 쓴 것이다. 비문에 따르면, 순흥지역에는 문성공(文成公) 안향(安珦)을 모신 소수서원(紹修書院)이 있고, 서원에서 남쪽으로 약 7리 떨어진 곳에는 세연지(洗硯池)라는 연못이 있는데, 그 곳이 안향의 선조가 살았던 곳이며, 또한 동쪽으로 1리 떨어진 곳에는 안향의 후손인 안석(安碩)과 그 아들들이 사용했던 우물인 사현정(四賢井)도 있어, 14대손인 안응창(安應昌)이 정려비(旌閭碑)를 세워 그를 기념하였다고 한다. 크기 : 높이 125cm, 너비 62cm, 두께 21cm.

순흥안씨(順興安氏)

## 본관지 연혁(本貫地 沿革)

고구려 시대에는 급벌산군(及伐山郡)이라 했으며, 신라 27대 선덕여왕(善德女王 : 632~646) 좌대야성 도독하장 죽죽(左大野城 都督下將 竹竹)이 백제를 정벌하기 위하여 경상북도와 충청북도 사이의 소백산 중턱을 넘는 도로를 개통하고 고개 이름을 죽령(竹領)이라 하였으며, 소백산에서 순흥, 풍기(豊基)로 흐르는 물을 죽계(竹溪)라 하였는데 여기서 순흥의 별호를 죽계라고 부르게 되었다. 이후 신라 35대 경덕왕(景德王 : 742~746)에는 급산군(岌山郡)이라고 고쳤다.

고려초에는 흥주(興州)라고 고쳤으며, 6대 성종(成宗 : 982~997)조에 순정군(順政郡), 8대 현종 9년(1118)에는 지금 안동인 길주(吉州)에 속하였다. 17대 명종 1년(1271)에 처음으로 감무(監務)를 두었으며, 25대 충렬왕(1275~1308)조에 왕이 탄생한 후 태(胎)를 순흥에 묻으면서 흥녕현(興寧縣)으로 승격시키고 현령(縣令)을 두었다. 27대 충숙왕 원년(1314)에 다시 충숙왕의 안태지(安胎地)가 되므로 흥주(興州)로 승격시켜 지사(知事)를 두었고, 29대 충목왕 4년(1348)에 충목왕의 안태지가 되므로 순흥부(順興府)로 승격되었다.

조선조 3대 태종 13년(1413)에는 순흥도호부(順興都護府)로 승격시키고 별호(別號)를 순정(順政)이라 하였다. 7대 세조 3년(1457)에 이곳으로 유배되어 와 있던 금성대군(錦城大君)과 부사(府使) 이보흠(李甫欽)이 단종(端宗)을 복위(復位)하려고 모의한 것이 사전에 발각되어 순흥은 쑥대밭이 되고 부(府)를 폐하였으며, 풍기군(豊基郡)에 소속시킴과 함께 각 면(面)을 마아령(馬兒嶺)과 문주산(文珠山)에서 흐르는 냇물을 경계로 나눠 봉화(奉化)와 영주(榮州)에 분할시켜 놓았다. 19대 숙종 9년(1683)에 순흥안씨 18세조 안석휘(安錫徽)가

순흥안씨(順興安氏)

순흥의 유생(儒生) 이정식(李廷植) 등 50명을 규합하여 대궐 앞에 나아가 상소함으로써 문성공(文成公)의 도덕공훈을 표창하여 순흥 복구를 허락받고 순흥부(順興府)로 복원되었다. 28대 고종 32년 (1895)에 군(郡)이 되었다.

일제강점시대인 1914년에 군을 폐하고 화천면(花川面), 수민단면 (壽民丹面), 수식면(水息面)은 봉화군(奉化郡)에 속하고 그 나머지는 영주군(榮州郡)으로 들어갔다. 해방 이후 영주가 시(市)로 승격됨에 따라 시에서 제외된 지역과 풍기군을 합하여 1980년 영풍군(榮豊郡) 이 되므로 여기에 순흥면이 속해졌다. 1995년 행정구역 개편으로 영주시 순흥면이 되었으며 2007년 10월 현재의 인구는 978가구 2,760명이다.

### 세종실록지리지(世宗實錄地理志)

◎ 순흥 도호부(順興都護府)

순흥 도호부(順興都護府)는 본디 고구려의 급벌산군(及伐山郡) 인데, 신라에서 급산군(岌山郡)으로 고치고, 고려에서 흥주(興 州)로 고쳤다.

현종 무오년에 길주(吉州) 임내(任內)에 붙였다가 뒤에 순안현 (順安縣)으로 이속(移屬)시키고, 명종 1년에 비로소 감무(監務) 를 두었는데, 충렬왕 갑술년 태(胎)를 안치하고 흥녕현(興寧縣) 으로 고쳐서 영(令)을 두었으며, 충숙왕(忠肅王) 계축년에 또 태 (胎)를 안치하고 승격시켜 지흥주사(知興州事)로 삼았고, 충목 왕(忠穆王) 무자년에 또 태(胎)를 안치하고 순흥부(順興府)로 승격시켰다. 본조 태종 계사년에 예(例)에 의하여 도호부로 고 쳤다. 별호(別號)는 순정(順政)이며, 순화(淳化) 때에 정하였다.

진산(鎭山)은 소백산(小白山)이며, 부 북쪽에 있다.

사방 경계는 동쪽으로 안동(安東)의 부곡(部曲) 소라(召羅)에 이르기 41리, 서쪽으로 죽령(竹嶺)에 이르기 19리, 남쪽으로 영천(榮川)에 이르기 13리, 북쪽으로 단양(丹陽)에 이르기 24리이다.

호수는 2백 84호, 인구가 1천 6백 79명이며, 군정(軍丁)은 시위군(侍衛軍)이 36명, 진군(鎭軍)이 30명, 선군(船軍)이 81명이다.

토성(土姓)이 4이니, 안(安)·이(李)·신(申)·윤(尹)이며, 촌성(村姓)이 1이니, 석(石)이다. 내성(來姓)이 2이니, 김(金)·정(鄭)이며, 속성(續姓)이 3이니, 김(金)은 하나는 경주에서 왔고, 하나는 광주(光州)에서 왔으며, 윤(尹)은 주천(酒泉)에서 왔다.

인물로 시중(侍中) 문성공(文成公) 안향(安珦)은 충렬왕 때 사람인데, 문묘(文廟)에 종사(從祀)하였다. 판문하부사(判門下府事) 문간공(文簡公) 안종원(安宗源)은 본조 태조 때 사람이며, 영돈녕부사(領敦寧府事) 소의공(昭懿公) 안천보(安天保)는 본조 태종 때 사람이다.

땅이 메마르고 기후는 따뜻하며, 간전(墾田)이 2천 4백 59결이다. 논이 7분의 3이다.

토의(土宜)는 벼·기장·조·콩·보리·메밀·뽕나무·삼[麻]이요, 토공(土貢)은 꿀·밀·칠·종이·석이(石茸)·송이버섯·잣·지초·인삼·자리[席]·여우가죽·삵가죽·노루가죽·돼지가죽이며, 약재(藥材)는 백급(白芨)·적복령(赤茯苓)·백복령(白茯苓)·맥문동(麥門冬)·웅담(熊膽)·측백나무씨[栢子仁]이다. 토산(土産)은 신감초(辛甘草)·산겨자[山芥]·은구어(銀口魚)이고, 수정석(水晶石)이 부(府) 서쪽 양곡동(陽谷洞)에서 난다.

자기소(磁器所)가 1이니, 부(府)의 북쪽 사동리(沙洞里)에 있고, 도기소(陶器所)가 1이니, 부(府)의 동쪽 가이리(加耳里)에 있다. 모두 하품이다.

읍 석성(邑石城)은 둘레가 1백 30보이며, 안에 우물 둘이 있다.

소백산 석성(小白山石城)은 부(府)의 서쪽 20리에 있는데,

순흥안씨(順興安氏)

둘레가 5백 31보이고, 높고 험하며, 안에 샘 셋이 있고, 또 군창(軍倉)이 있다. 영천 군창(榮川郡倉)도 함께 아울러 들여다 둔다.

취원루(聚遠樓)가 부(府) 북쪽 봉황산(鳳凰山) 부석사(浮石寺)에 있다.

역(驛)이 2이니, 창락(昌樂)과 신역(新驛)이며, 험조(險阻)한 곳은 죽령산(竹嶺山)이다. 부(府) 서쪽 33리에 있는데, 충청도 단양(丹陽)의 지로(指路)이다. 그 험조처(險阻處)의 길이가 3리가 넘는다.

봉화(烽火)가 1곳이니, 죽령산이다. 동쪽으로 기천현(基川縣) 망전산(望前山)에 응하고, 북쪽으로 단양(丹陽)의 화산(禾山)에 응한다.

## 순흥안씨의 주요 유적

◎ 순흥안씨 추원단(順興安氏 追遠壇)

순흥의 속칭 '안(安)터' 건너편에 있는 명산(名山) 비봉산(飛鳳山) 4만 3천평에 축조(築造)되었다.

1987년 2월 8일 기공하여 위는 시조(始祖) 상호군공위단(上護軍公位壇)이 되고, 아래에 중앙으로부터 좌(左)는 태사공위단(太師公位壇)이니 전날의 향려단(鄕閭壇)이고, 우(右)는 판관공위단(判官公位壇)이니 전날의 오산단(梧山壇)이다. 서(西)는 신기별장공위(神騎別將公位)외 삼위(三位)이니 곧 전날의 산파단(山坡壇)이며, 우동(右東)은 전리정랑공(典理正郞公) 외 사위(四位)이니 전의 대산단(臺山壇)이다. 1988년부터 추원재 제향을 이 신단소에서 모시기 시작했다.

1990년 봄에 '순흥안씨추원단비(順興安氏追遠壇碑)'를 세워 시조 이하 7대에 이르는 선조들의 사적과 그간의 관향지 종사(宗事) 연혁, 이 종사에 힘쓴 선조들의 기적(紀蹟), 또 이번 시조 사단을 이전하여 중건한 사실들을 기록해 놓았다.

순흥안씨(順興安氏)

◎ 추원재(追遠齋)

시조 호군공(護軍公) 안자미(安子美)가 기지(基地)를 잡고 순흥안씨라는 본관(本貫)을 얻은 곳인 관향지 순흥에서 자손이 번성하고 대를 이어왔으나 역사적인 여러 사건으로 말미암아 시조 호군공을 비롯하여 여러 대 선조의 분묘가 실전되었다. 족보에 묘가 소백산 아래 있다고 하나 표가 없어 자세히 알지 못한다고 기록되어 있을 뿐이다.

인조 25년(1647) 봄에 17대 순원군(順原君) 우졸재(愚拙齋) 안응창(安應昌)이 의성(義城)의 수령(守令)으로 소수서원을 참배하고자 순흥을 심방하여 선조의 구거(舊居)를 찾았으나, 그 땅은 이미 타인의 농경지가 되어 농부의 소모는 소리뿐이었다. 이에 안응창은 종인(宗人)에게 통문(通文)을 돌리는 등 노력 끝에 효종 5년(1654) 초가 3간을 석교리 246번지에 세우니, 이것이 향려단(鄕閭壇)과 추원재(追遠齋)이다.

1918년 9월 25일에 재실이 협소하고 노후하여 제관(祭官) 수용이 어려우므로 옆의 밭을 사서 증건하였다. 1959년 이 재실을 중수코자 안인식(安寅植)을 회장으로 추대하고 활동을 전개하여 많은 종인들이 온갖 고생을 무릅쓰고 전국을 돌며 성금을 모은 끝에 1962년 4단소(四壇所) 합단(合壇)과 현재의 추원재를 이룩하였다. 이 때 여러 부속 건물도 건축되었다. 현재 증건된 추원재는 새로 이설된 추원단 아래에 1층 건물을 성금 4억여 원으로 1996년에 완공하였고, 또한 추원단, 관리실, 창고 등 부속건물도 병설하여 매년 세사봉행(歲祀奉行)을 올리고 있다.

◎ 문성공(文成公) 영정(影幀)

이 영정은 고려 충렬왕 때(1275~1308) 문성공이 왕을 따라

순흥안씨(順興安氏)

　원(元)나라에 가서 원나라 학관(學官)들과 교유(交遊)할 때 학관이 세 폭을 그려 두 폭은 자기들이 갖고 한 폭을 지니고 돌아온 것이다. 문성공이 별세한 후 문묘(文廟)에 봉안(奉安)하였다가 그 후에 종택(宗宅)에 이안(移安)하였었는데, 소수서원을 창건한 후 서원에 이안하여 현재에 이르렀다.

　이 영정의 도형(圖形)과 색채(色彩)가 특수하고 우리나라 현존 회화 가운데 사성연대(寫成年代)가 가장 오래되어 국가보존문화재로서 1967년 6월 국보 제111호로 지정되었다.

　이 외에 지성대성(至聖大成) 문선왕 전좌도(文宣王殿坐圖)와 주세붕 선생의 영정이 보물로 지정 보존되고 있다. 문선왕 전좌도는 문성공이 충렬왕 때 원나라에 다녀오면서 함께 가져온 것으로 문성공 재세시(在世時)에는 본댁 별관에 봉안하고 조석으로 우러러 보던 문선왕 즉 공자(孔子)의 영정이다. 당시 같이 봉안되었던 주자(朱子)의 진상(眞像)은 소재를 알 수 없다.

　문선왕 전좌도에는 공자를 중심으로 좌우중단(中段)에 십철(十哲)이 나누어 앉아 있고, 하단(下段)에는 칠십제자상(七十弟子像)이 열좌(列座)하여 있다. 이 도형에는 청정(淸淨)한 기상(氣像)이 나타남과 함께 사성선(寫成線)이 한결같이 섬세한 사선(絲線)으로 정묘하게 그려져 있다.

　주세붕 선생의 영정은 범 같은 기상으로 당대의 영걸(英傑)이자 관하를 호령하던 행정인으로서 정명치세(正明治世)의 업적을 상상할 수 있는 기품(氣稟)이 넘쳐흐르고 있다. 선생은 문성공을 성사(聖師)로 우러러 사모하여 백운동서원을 세우고 후학들에게 회헌 선생의 창명교학(倡明敎學)의 정신을 닦게 한 경앙심(景仰心)이 지극한 유학자였다.

순흥안씨(順興安氏)

◎ 안자묘(安子廟)

안자묘는 황해도 연백군 화성면 송천리에 있으며, 해방 전까지도 전국의 자손과 유림과 현사들이 한자리에 모여 음력 9월 12일에 기신제를 경건히 봉행하였으나 현재로선 그 현황을 알 수 없다. 일제 치하에서 일본천왕의 특명으로 조선 총독이란 일본 최고관리가 당시화폐로 200원(지금화폐로 약2천만원 정도)을 제수비로 헌납하고 치제를 드린 바 있는 사우이다.

◎ 향려단(鄕閭壇)

시조(始祖) 안자미(安子美)와 2세조 태사공(太師公) 안부(安孚)의 묘가 실전(失傳)되었기 때문에 세향을 올리기 위하여 효종 5년(1654) 1월 15일 안응창(安應昌)이 석교리 203번지에 위석(位石)을 봉안하였다. 새로운 추원단이 건설되어 향려비(鄕閭碑)는 옮기고 단은 노후하여 그대로 두었다.

◎ 산파단(山坡壇)

순흥면 석교리 516의 1에 철종 9년(1858)에 이파(二派)의 파조(派祖) 밀직부사(密直副使) 안영린(安永麟)을 위시하여 3세조 이부시랑(吏部侍郎) 안정준(安貞俊), 4세조 밀직부사 안성철(安成哲), 5세조 예문관 대제학(藝文館大提學)에 찬성사(贊成事)를 지낸 문의공(文懿公) 안문개(安文凱) 등 4위(四位)를 설단하였던 옛터이다.

◎ 대산단(臺山壇)

순흥면 읍내리 84번지에 순조 25년(1825)에 3파 파조 교서랑공(校書郞公) 안영화(安永和), 3세조 호부시랑(戶部侍郞) 안득재(安得財), 4세조 판전객시사(判典客寺事) 안희서(安希婿), 6세조 전법판서

순흥안씨(順興安氏)

(典法判書) 예문관 대제학 문경공(文敬公) 안보(安輔), 그 아우 보문관(寶文館) 대제학에 성균관(成均館) 좨주(祭酒)를 지낸 안집(安輯) 등 5위를 설단하여 봉사한 자리이다.

1985년에 유허비(遺墟碑)를 비롯하여 위의 다섯 분 외에 5세조 안석(安碩), 6세조 안축(安軸), 7세조 안종원(安宗源) 등 세 선조를 더하여 비를 세우고 1987년 5월에는 조경공사를 하여 주위를 미화하였다.

◎ 오산단(梧山壇)

순흥면 석교리 302번지에 소재하였던 것으로 1922년 1파의 6세조 판관공파 파조(判官公派派祖) 안신(安愼)의 위석을 봉안하였다.

◎ 소수서원(紹修書院)

우리나라 최초의 서원으로 순흥면 내죽리(內竹里), 영귀봉(靈龜峰) 동쪽 죽계수(竹溪水) 서안에 위치하고 있다. 중종 37년(1542)에 풍기군수 주세붕 선생이 4세조 문성공(文成公) 안향(安珦)을 제사하기 위하여 숙수사(宿水寺) 옛터에 사우(祠宇)를 세우고 이듬해 사학기관(私學機關)인 백운동서원(白雲洞書院)을 건립하였는데, 중국 백록동(白鹿洞)의 주자서원(朱子書院)을 모방하였다 한다.

명종 5년(1550) 이황(李滉) 선생이 군수로 부임하자 왕에게 아뢰어 노비, 전결(田結) 및 소수서원이라는 액서(額書)를 하사받아 사액서원(賜額書院)의 시초가 되었으며, 이때부터 소수서원이라고 개명하였다. 왕은 이때 대제학 신광한(申光漢)에게 명하여 기(記)를 만들게 하고 사서오경(四書五經), 성리대전(性理大全) 등의 책을 하사하였다.

이 서원은 중종 39년(1544)에 문정공(文貞公) 안축(安軸)과 문경공

(文敬公) 안보(安輔)를, 인조 11년(1633)에는 주세붕 선생을 추배(追配)하였다. 고종 8년(1871) 대원군이 서원을 정리할 때에도 계속 유지되었으며, 봄과 가을 2회에 걸쳐 향제(享祭)를 올리고 있다. 건물은 고적 68호로 지정되어 있으며, 수차에 걸쳐 중수(重修)되었고 미화작업이 이루어졌다.

근년에 회헌공(晦軒公)의 인재양성(人材養成)의 정신을 계승하고 발전시키기 위하여 경내(境內)에 15여억 원의 정부예산을 지원받아 충효교육관(忠孝敎育館)을 신축하여 후학(后學)들에게 충효사상교육(忠孝思想敎育)을 실시하고 있고, 이어 주변에 선비촌을 조성하여 조선조에 선비를 양성한 실례를 재현하고 있다.

◎ 세연지(洗硯池)

순흥면 석교리 속칭 '安터'라고 불리는 곳의 서남방 약 50미터 지점에 있는 작은 못으로 회헌공(晦軒公)이 공부할 때 벼루를 씻던 곳이다. 이 못은 사라호 태풍의 피해로 거의 메워져 버렸고, 옹달샘은 지금도 약수터로 자리하고 있다.

자리를 표시하는 비석이 있다. 비문에 "순흥 서남쪽 송학산 밑에 학교촌이 있고 바위 사이에 작은 샘이 있는데, 그 밑에는 네모진 못이 있으니 회헌 선생께서 소시에 벼루를 씻던 못이다. 전해 오기를 회헌 선생의 태실이 그 옆에 있었고 옛날 사시던 집도 여기 있었다 (順興西南 松鶴山下 鶴橋村 有石間小泉 下有半畝方池 卽我晦軒先生 少時 洗硯池 古傳 晦軒先生胎室在 其傍 先生舊第及洗硯)"고 기록되어 있다.

◎ 사현정(四賢井)

순흥성 동쪽 1리에 우물이 있는데, 5세조 문경공(文敬公) 안석(安碩)

순흥안씨(順興安氏)

이 그 아들 문정공(文貞公) 안축(安軸)과 문경공(文敬公) 안보(安輔), 좨주공(祭酒公) 안집(安輯) 등 네 부자가 한집에 살 때 쓰던 우물이다. 덕행(德行)과 학문(學問)이 뛰어났고 벼슬이 높았으므로 훗날 사현(四賢)의 유덕(遺德)을 기리는 뜻에서 사현정이라 불렀다.

인종 1년(1545) 풍기군수이던 신재(愼齋) 주세붕(周世鵬)이 사현정비(四賢井碑)를 세우고 "일가(一家)의 충효우제(忠孝友悌)와 청백지풍(淸白之風)이 지금껏 뚜렷하여 청사(靑史)에 빛난다"고 칭송하였다.

효종 7년(1656)에 순원군(順原君) 안응창(安應昌)이 다시 비를 세웠고, 순조 21년(1821)에 목사(牧使) 안성연(安性淵)이 비각(碑閣)을 건립하였다. 1962년에는 안상규(安商奎), 안학준(安學濬)이 우물과 비각의 돌담을 조성하고 수리하였으며, 1986년에는 경상북도 기념물 제69호로 지정되었고, 이어 1987년에 다시 중수(重修)하였다. 이후 지하수를 개발하여 물을 마실 수 있는 장소로 옛 모습과 의미를 기리도록 할 것이라 한다.

◎ 안(安)터

속칭 安터로 전래된 곳은 문성공 선조의 탄생지라는 무좌진향(戊坐辰向 : 서북쪽에 자리하고 동남을 향함)의 옛터라는 것과 안씨가 집거(集居)했다는 뜻에서 나온 말로 짐작된다.

송학산(松鶴山)과 학교(鶴橋 : 학다리), 그리고 세연지가 있던 곳의 돌 사이의 샘은 옛날이나 지금이나 그대로이다. 흥주읍지(興州邑誌)를 보면, 학다리는 풍기에서 순흥으로 들어오는 입구 근교(近郊)의 계곡(溪谷)에 있는 것이다. 전래된 학다리는 지금보다 아래에 있었다 하며 학다리 주막터는 지금도 있다. 학다리 마을은 농가 몇 집에 불과하고 슬레이트 목조의 가옥이 존재하고 있다. 전해지는 말로

순흥안씨(順興安氏)

회헌선조의 출생지라고 하는데, 학교촌이 문성공의 생지(生地)임은 여러 가지 문헌이 고증하고 있다.

◎ 피끈이

영풍군 안정면 동촌리를 말하는데, 순흥에서 영주로 4km쯤 가서 대로 옆에 있는 동리이다. 단종조(端宗朝) 세조정난(世祖靖難)을 당하여 금성대군(錦城大君)이 순흥 패도(貝島 : 조개섬)에 귀양 왔을 때, 순흥부사 이보흠(李甫欽)과 단종 복위를 꾸미다가 사전 발각되어 안동관군(安東官軍)이 들이쳐서 대가(大家)는 무조건 불 지르고 사람은 닥치는 대로 죽였다. 또 이들이 돌아간 뒤 한양의 철기(鐵騎 : 말 타고 싸우는 병사, 즉 특공대)가 내리 밟아 순흥을 쑥밭으로 만들었다. 이 때 안씨는 말할 수 없는 큰 피해를 입게 되었으니, 그 당시 벼슬에 오른 집만도 72호가 되는 상황이었고 이외에도 얼마나 많이 죽임을 당했는지 지금 소수서원 앞의 시냇물이 피바다로 변했다 한다. 그래서 죽계수와 같이 피가 흘러내려 10리가 훨씬 넘는 동촌이라는 동리 앞에 와서야 피가 끊어졌다 한다. 이리하여 피끈이라는 명칭이 생기고 오늘날까지 피끈이라고 부른다.

◎ 패도(貝島 : 조개섬)

세조는 자기의 아우 금성대군을 사육신에 연루되었다하여 순흥으로 귀양 보냈는데, 그 귀양지가 바로 패도(조개섬)이다. 피끈이라는 동리 조금 못가서 조개섬이라는 동리가 있고, 그 동리 앞 논가운데 둘레 4~5미터, 높이 1.5미터 정도 크기의 무덤만한 봉우리를 조개섬이라 한다.

어떤 이는 조개만하다 해서 조개섬이라 했고 또 어떤 이는 '조것이 섬이야' 하는 뜻에서 조개섬이라고 했다고도 하는데, 누가 보아

순흥안씨(順興安氏)

도 귀양지가 못된다. '패도'를 빙자해서 안씨가 집성촌을 이룬 순흥에 와서 귀양살이를 한 것이고, 실제 거주지는 지금 금성단(錦城壇) 자리라 한다.

◎ 흥주관(興州館)
 흥주관은 객사(客舍)인데 옛날 성터에 있었다. 숙종 10년(1684)에 부사 한성보(韓聖輔)가 세웠는데 문루가 있었다. 영조 4년(1728)에 부사 신필하(申弼夏)가 명 태조(明太祖)의 어필(御筆)인 '충효절의(忠孝絶義)' 4자를 간(刊)하였다. 그 후 영조 33년(1757)에 부사 조덕상(趙德常)이 명나라 신종(神宗)의 수서(手書)인 '용(龍)'자를 족자로 만들어 지청(止廳)에 걸었는데, 글자 획의 굵기가 서까래만큼 컸다 한다.

◎ 봉서루(鳳棲樓)
 이 누각은 원래 석교리 밑에 세웠던 것을 지금 있는 순흥면사무소 경내로 이전하여 세웠다.
 풍수지리설에 의하면 순흥의 진산(鎭山 : 지덕으로써 한 지방을 진정하는 명산)의 이름이 비봉산(飛鳳山)으로 봉이 날으는 형국인 바, 봉이 날아가 버리면 지령(地靈)이 쇠퇴한다 하여 봉이 날아가 버리지 않고 깃들게 하기 위하여 누각을 세우고 그 이름을 봉서루, 즉 봉이 깃드는 누라 하였다 한다.
 이 누의 북편에 타원형 즉 봉의 알처럼 도형하여 팔각정을 세우고 봉도정(鳳到亭)이라 이름하였는데, 봉이 알을 두고는 날아가 버리지 않는다는 뜻을 취한 것이다. 문정공이 지은 '순흥봉서루 중영기(順興鳳棲樓重營記)'가 있다.

순흥안씨(順興安氏)

◎ 숙수사지(宿水寺趾)

이 곳은 지금 소수서원이 있는 자리이다. 숙수사는 신라조 불사찰(新羅造佛寺刹)인데, 조선 건국초의 척불운동으로 촌락 주변의 사찰이 철거될 때 헐려버리고 지금은 석탑 자리와 당간지주(幢干支柱)만 남아 있다.

◎ 취한대(翠寒臺)의 각자(刻字)

소수서원 앞 경렴정(景廉亭) 건너편 취한대 암벽에 '경(敬)'자와 '백운동(白雲洞)'이란 문자가 음각(陰刻)되어 있다. 이는 중종 37년(1542) 주세붕 선생이 백운동서원을 창건하면서 이르기를 "회헌 선생을 성사(聖師)로 경모하여 서원을 세우고 후학들에게 성사의 학리(學理)를 수계(修繼)코자 하는데, 세구년심(歲久年深)하여 건물이 허물어져 없어지더라도 경(敬)자만은 후세에 길이 전하여 회헌 선생을 성사로 경모하였음을 전하게 하리라" 하고 각자를 하였다고 전한다.

◎ 석교리 석불좌상(石佛座像)

석교리 왼편 산골 밭 가운데 이름이 전해지지 않는 옛 절터에 석불좌상 1구가 있다. 이 석불은 통일전의 신라 석불로 원형(原形)이 완전하나 몇 군데 흠이 있다. 그러나 조형수법(造形手法)에 당시의 조각미술의 우수성이 잘 표현되어 있어 문화재 보물로 지정되어 있다.

◎ 초암사(草庵寺)

이 사찰은 통일신라 이전 두운대사(杜雲大師)가 창건한 것이라 한다. 삼국시대 소백산의 분수선(分水線)을 경계로 남쪽은 신라, 북쪽은 고구려가 대치하여 수백여 년간 밀고 밀리고 하였는데, 신라는 소백산

남록(南麓)에 희방사(喜方寺), 유석사(留石寺), 비로사(毘盧寺), 성혈사(聖穴寺), 석륜사(石崙寺) 등의 여러 사찰을 세우고 국경 경비에 임하였다. 그리하여 이 사찰들은 고승대덕(高僧大德)의 주석처(住錫處)라기 보다는 국경 경비와 기타 역할을 담당한 초소이기도 하였다.

◎ 태봉군(胎封群)

이 곳에 고려 왕자인 충렬왕, 충숙왕, 충목왕 세분의 왕태자(王太子)의 태(胎)를 안봉(安封)하여 그 산을 태봉산(胎封山)이라 하고 그 산 밑의 마을을 태장(胎莊)이라 하였다.

아이가 출생하면 어머니 뱃속에서 아기와 같이 태(胎)가 나오는데 옛 사람들은 이 태를 굉장히 중요시하여 좋은 곳에 묻거나 맑은 강물에 띄우기도 하였다. 그리고 태를 좋은 곳에 편안히 모신다는 뜻에서 묻은 곳을 안태지(安胎地)라고 하였다. 왕자의 태는 특별히 지관(地官)을 시켜 전국의 명산을 찾아 명당(明堂)에 안치하였다.

◎ 소백산성지(小白山城祉)

이 산성은 신라 때의 성으로 고구려와 대치하여 삼국통일의 전초전을 벌이던 성터이다. 그 위치는 초암사(草庵寺) 서편 비로봉(毘盧峰) 밑이며, 성곽(城廓)의 규모는 주위 4천m 성내에 주민 30여 호가 현재 살고 있다. 성석(城石) 부분 3백여m가 잔존하고 있다.

◎ 향교(鄕校)

이는 관학기관(官學機關)으로써 유교 윤리를 건국의 기반으로 한 조선 초기의 교육기관 설치정책에 따라 태조 7년(1398) 성균관(成均館)을 개설하였고, 곧이어 유향(儒鄕)인 순흥에 우선적으로 향교가 설치되었다. 순흥향교는 안동향교의 2년 후에 세워졌다고 한다.

처음 설립 위치는 석교리 동편 산록이었으나 후에 현위치로 이건하였다.

◎ 은행목(銀杏木)

석교리의 은행나무 : 직경 6척, 둘레 20척, 높이 60척이며, 수령이 8백여 년으로 추정된다.

소수서원의 은행나무 : 직경 5척, 둘레 20여척, 높이 50여척이며, 수령 7백여 년으로 추정된다.

금성단(錦城壇)의 은행목 : 금성단 앞에 은행나무가 있다. 이 나무는 인조 7년(1629)에 화재로 반소(半燒)되어 높이 10여척이 남고 수간(樹幹)의 피질(皮質)도 베껴져 마른 나무등치의 상태로 있었다. 언제인가 한 술사(術士)가 지나면서 말하기를, "이 나무가 다시 살아나면 흥주(興州)가 반드시 복고(復古)되리라" 하였다. 그런데 인조 21년(1643)경부터 점차 피질이 형성되고 줄기가 살기 시작하여 숙종8~9년(1682~3) 사이에 완전히 무성하였다.

숙종 30년(1704) 단종의 왕호가 회복되고, 의거에 참여하여 역신(逆臣)으로 몰렸던 분들이 복권되었다. 금성대군의 억울한 원혼이 신기한 증거를 보인 것으로 짐작된다. 50년 죽었던 나무가 다시 살아나서 오늘까지 은행이 열리고 있다.

◎ 금성단(錦城壇) · 성황당(城隍堂)

영주시 단산면(丹山面) 단곡리에 세종(世宗)의 여섯째 왕자 금성대군(錦城大君)의 영혼을 모신 서낭당이 있는데, 순흥면사무소에서 4km쯤 죽계천 맑은 물을 따라 소백산 연화봉(蓮花峰)을 향해 올라가면 속칭 두레골(斗汝洞)이 나오며 그 뒷산 우거진 숲속에 있다.

단종의 복위를 꾀한 사육신(死六臣)의 순절이 있던 다음해인 세조

순흥안씨(順興安氏)

2년, 순흥에 유배되었던 금성대군은 의병을 일으켜 거사할 계획을 세웠으나 사전에 누설되어 순흥은 불바다가 되고 폐부(廢府)가 되었으며 금성대군은 안동의 안기역에서 교살되고 말았다.

그 후 이곳에 살던 한 노파의 꿈에 금성대군이 현몽하기를, "내 천추의 억울한 혼이 물속에 피 묻은 돌이 되어 죽계천에 있다"고 하여 그 곳을 찾아가 본즉, 과연 피 묻은 돌이 있었다고 한다.

정조 10년(1786) 순흥부 초군청(草軍廳)이 주동이 되어 원통하게 죽은 금성대군을 모실 서낭당을 짓기 위하여 모금을 하였다. 이 돈으로 두렛골에 2평정도의 서낭당을 지었고, 그 곳에 금성대군의 혼이 깃들었다는 돌(높이 90cm, 둘레 180cm)을 모셨다.

또 금성대군이 위리안치(圍離安置)되었던 곳은 돌담이 무너진 채 밭 가운데 흔적이 남아 있다.


세거지 변천(世居地 變遷)


『경신보(庚申譜)』에 의하면 시조 안자미(安子美)의 대부터 경북 순흥(順興)에서 세거하다가 4세 안향(安珦)의 대 이후 장단군(長湍郡)에 이거한 것으로 보인다.

10세 안구(安玖)의 대 이후로 일부가 경주군(慶州郡)에 터를 잡았고, 11세 안지석(安知碩)의 대 이후로는 평남 안주군(安州郡)에 세거한 것 같다. 12세 안종(安琮)의 대 이후에는 해주(海州)에, 안기(安璣)의 대 이후에는 남원(南原)에 터를 잡았다. 13세 이후로는 순천(順天), 임실(任實), 곡성(谷城), 화성(華城), 강화(江華), 문경(聞慶), 의주(義州), 용천군(龍川郡) 등지에 세거지를 확대하였다.

10세 안경(安璟)의 대 이후에는 지금의 황해도 연백군(延白郡)에 터를 잡았다. 12세 안사전(安嗣全)은 기묘사화(己卯士禍) 때 옥천(沃川)으로 퇴거했으며, 13세 안호공(安虎恭)의 대에는 해주(海州)에, 안호준(安虎俊)의 대에는 평산(平山)에 터를 잡은 것으로 보인다. 또한 13세 안천기(安天琦)는 지금의 파주군(坡州郡)에 적거(謫居)했으며, 안시우(安始佑)는 원주(原州)에 옮겨간 것 같다. 14세 이후에는 북청(北靑), 영흥(永興), 고원(高原), 칠곡(漆谷), 보양(晋陽), 예산(禮山), 나주(羅州), 부안(扶安), 고창(高敞), 양주(楊州) 등지에 세거하였다.

10세 안수(安琇)의 후손은 지금의 함안군(咸安郡)에 터를 잡은 것으로 보이며, 안리(安理)는 단종 손위(遜位)를 보고 예천(醴泉)에 은거하였다.

한편 8세 안조동(安祖同)의 대 이후에는 천원군(天原郡) 일원에 터를 잡은 듯하고, 9세 안종례(安從禮)·안종신(安從信)·안종검(安從儉) 형제의 대 이후에는 양주군(楊州郡)에 세거한 것 같다. 10세 안을귀(安乙貴)의 대에는 함북, 길주군(吉州郡)에 옮겨갔고, 안근(安瑾)의 대 이후에는 황해도 연안(延安)에 세거한 것으로 보인다.

그리하여 1930년 당시 경기도 경주군(慶州郡) 일원, 강원도 철원군(鐵原郡) 일원, 전북 남원군(南原郡) 이백면(二白面)·금지면(金池面), 김제군(金堤郡) 백산면(白山面) 일원, 전남 담양군(潭陽郡) 일원, 제주도 일원, 경북 안동군(安東郡), 금릉군(金陵郡), 상주군(尙州郡) 사벌면(沙伐面)·중동면(中東面)·공검면(恭儉面), 울진군(蔚珍郡) 기성면(箕城面), 예천군(醴泉郡) 용궁면(龍宮面)·풍양면(豊壤面), 영풍군(榮豊郡) 안정면(安定面) 일원, 경남 진양군(晋陽郡), 함안군(咸安郡) 가야면(伽倻面)·대산면(代山面) 일원, 황해도 연백군(延白郡) 금산면(金山面)·해월면(海月面)·화성면(花城面)·운산면(雲山面), 황주군(黃州郡) 삼전면(三田面)·수풍면(水豊面), 평남

순흥안씨(順興安氏)

안주군(安州郡) 신안주면(新安州面)·대니면(大尼面), 평북 박천군(博川郡) 양가면(兩嘉面), 용천군(龍川郡) 내중면(內中面), 함남 고원군(高原郡) 운곡면(雲谷面), 함북 길주군(吉州郡) 웅평면(雄坪面) 등지에 집성촌을 이루었다.

1980년에도 경기도 광주(廣州)·양평(楊平)·화성군(華城郡), 강원도 춘성군(春城郡), 충북 청원군(淸原郡), 충남 논산(論山)·아산군(雅山郡), 전북 남원(南原)·정읍군(井邑郡), 전남 나주(羅州)·곡성군(谷城郡), 경북 영주(榮州)·안동군(安東郡), 경남 함안(咸安)·합천군(陜川郡) 등지에 세거하고 있다.

특히 경남 함안군(咸安郡) 가야읍(伽倻邑) 신음리(新音里)는 순흥안씨(順興安氏) 1백 20여 호가 4백50여 년 동안 모여 살고 있는 동족부락이다. 입향조(入鄕祖)는 중종조 유학자 안관(安灌)이다. 그는 조광조(趙光祖)의 문하생으로 기묘사화(己卯士禍)의 소용돌이 속에서 목숨을 보존키 위해 첩첩산골인 신음리(新音里)로 피신 은둔하였다. 마을 중앙에 있는 '우정(友亭)'은 안관(安灌)이 후학을 가르치며 그들에게 사림파의 개혁의지를 심어주던 곳이라 한다.


씨족사 개요(氏族史 槪要)


순흥안씨의 최초 간행 족보는 명종 1년(1546)의 『병자보(丙午譜)』로, 당시 경상감사로(慶尙藍司)로 있던 문간공(文簡公) 안현(安玹)이 간행하였는데, 그 서문(序文)에서 "다만 한스러운 것은 시조(始祖: 安子美) 이전의 가첩(家牒)이 전해오는 것이 없어서 기록을 다하지 못하니, 이것이 오늘날 한없이 슬프다. 그러나 지금 수보(修譜) 하지 않으면 장차 어찌 할 것인가"라고 기록하고 있다.

순흥안씨(順興安氏)

 순흥안씨의 시조는 고려(高麗) 신종(神宗) 때에 흥위위보승별장(興威衛保勝別將)을 지내고 신호위상호군(神虎衛上護軍)으로 추봉(追封)된 안자미(安子美)인데, 그가 흥녕(興寧: 현재 경북 영주시 순흥면)에 세거하게 된 후 후손들이 그곳에 정주(定住)하여 관향(貫鄕)으로 삼게 되었다. 이후 고려와 조선조를 거쳐 오늘에 이르니, 약 800여 년의 역사를 가진 이 땅의 명문거족으로 성장하였다.
 일찍이 학문(學問)과 도덕가문(道德家門)으로 명망을 떨쳤던 순흥안씨(順興安氏)는 시조 안자미(安子美)의 세 아들 안영유(安永儒, 제일파), 안영린(安永麟, 제이파), 안영화(安永和, 제삼파) 등을 파조(派祖)로 한 3파가 주류를 이루고 있다.
 순흥안씨는 특히 조선조에서 6대성(六大姓: 李金崔安鄭朴)으로 불렸는데, 이는 인구수가 많아서가 아니라 우리나라 최초의 주자학자인 문성공(文成公) 안향(安珦)과 그 뒤를 잇는 기라성 같은 유학거성(儒學巨姓)을 배출한 가문으로 학문(學問)과 도덕가문(道德家門)으로서의 명망 때문이었다. 이와 같은 유가(儒家)의 종가(宗家)로서 수많은 학자와 선비를 배출하면서 고려조와 조선조까지 이어져 내려왔을 뿐만 아니라, 한말(韓末)에는 도산(島山) 안창호(安昌浩) 선생이나 안중근(安重根) 의사와 같은 분을 배출함으로서 민족개화(民族開化)와 독립운동에 앞장서는 가문으로서의 자랑을 더하였다.

 우리나라의 도학지조(道學之祖)인 주자학(朱子學)의 거봉 문성공(文成公) 안향(安珦)은 순흥안씨 시조로부터 4세이자 상호군(上護軍) 안영유(安永儒)의 손자이다. 고려 원종 1년(1260) 18세로 문과(文科)에 급제하여 교서랑(校書郞)과 감찰어사(監察御史), 상주판관(尙州判官)을 거쳐 좌승지(左承知) 삼사좌사(三司左事) 집현전 태학사(集賢殿太學士) 계림부윤(鷄林府尹) 첨의시랑찬성사(僉議侍郞贊成事)

순흥안씨(順興安氏)

판판도사사(判版圖司事)를 지냈으며, 유학제거사(儒學提擧司)로 있을 때 왕과 공주(公主)를 호종하여 원(元)나라에 가서 주자전서(朱子全書)를 직접 베껴가지고 왔다.

충렬왕(忠烈王) 복위 때 판판도사사(判版圖司事)가 되어 '섬학전(贍學錢)'이라는 육영재단(育英財團)을 설치하고 후진양성에 진력하여 유학(儒學)의 학풍(學風)을 일으켰다. 특히 그의 문하(門下)에서 백이정, 우탁(寓倬) 등 훌륭한 유학자가 배출되고, 이제현(李齊賢), 이색(李穡) 등에 의하여 계승되었다.

이로써 안향(安珦)은 동방성현(東方聖賢) 18인의 한분으로 문묘(文廟)에 배향되었고, 오늘날 전국의 모든 향교(鄕校)에 모셔져 있다. 또한 우리나라에 처음으로 설립된 서원(書院)인 소수서원(紹修書院)에 최초로 배향되었는데, 후에 문정공(文貞公) 안축(安軸), 문경공(文敬公) 안보(安輔)도 추배되었다. 또 소수서원은 풍기군수(豊基郡守)로 재직하던 퇴계(退溪) 이황(李滉) 선생이 나라에 청원하여 왕의 친필 액자를 받으니, 우리나라 최초의 사액서원(賜額書院)이 되었다.

조선의 태종은 "안문성공(安文成公)이 학문을 일으키고 학교를 설립한 것은 백대(百代)의 왕이 본받을 만한 것(安文成公 興學設敎百王可範)"이라고 했고, 영조는 "안문성공은 백세(百世)의 종사(宗師)요 해동(海東)의 부자(夫子)"라 하였고, 고종은 "문성공(安珦)은 학문과 도덕(道德)이 백세의 유종(儒宗)"이라 하였으며, 퇴계 이황(李滉) 선생은 "안문성공(安文成公)은 백세의 유종(儒宗)"이라 이르고 있다.

근래에 중국 산동성(山東省)에 자리잡고 있는 연성부(衍聖府)에서 공자(孔子)의 77대손 공덕성(孔德成) 선생은 "많은 성인을 모아서 대성한 이는 공자이고, 현인을 모아서 대성한 이는 주자(朱子)이며, 공자와 주자를 종사(宗師)로 하여 동방을 깨우치게 하고 밝게 열어

순흥안씨(順興安氏)

준 성학자는 안자(安子 : 安文成公)"라는 찬사와 함께 '자(子)'의 칭호를 붙여 주었다. 그래서 안향 선조는 중국의 성현(聖賢)들인 공자, 주자와 같은 '자(子)' 자(字)가 붙여졌다.

고려가 불교(佛敎)를 정치이념으로 삼았다면 조선(朝鮮)은 유교(儒敎)를 정치이념으로 삼았는데, 이는 바로 안향(安珦)에서 비롯한 것이라 할 수 있다. 즉 인(仁)을 근본으로 하는 정치 도덕의 실천을 주장한 공자(孔子)로부터 주자(朱子)에 이르는 유학(儒學)의 전통(傳統)을 동방에 있게 한 순흥안문은 명실상부한 유가의 종가라고 아니할 수가 없다.

이러한 유가의 종가로서의 위상을 엿볼 수 있는 순흥안씨 노비촌(奴婢村)에 대한 이야기가 전한다. 태조(大祖)는 한양(漢陽)으로 천도하자마자 정치이념으로 삼은 유교를 기리는 뜻에서 무엇보다도 먼저 공자를 비롯하여 사현(四賢 : 顔子, 曾子, 子思, 孟子)과 십철(十哲 : 顔淵, 閔子騫, 冉伯牛, 仲弓, 宰我, 子貢, 冉有, 季路, 子游, 子夏), 육현(六賢 : 周子, 程伯子, 程叔子, 邵子, 張子, 朱子)을 모시는 성균관(成均館)을 지금의 서울 종로구 명륜동(明倫洞)에 세웠다. 이 때문에 다시 이 일대는 관동(館洞)이라 불리어졌다.

고려시대의 유맥(濡脈)을 이었던 순흥안씨도 한양으로 이사를 했는데, 성균관이 만들어지자 제사(祭事)를 자주 올리게 되었지만, 제물을 장만하는 일과 제사의 절차 등을 잘 모르고 있었다. 이에 순흥안씨 가문에서는 가문에서 거느리고 있던 백여 명의 노비를 성균관에 바쳐 제사 일을 돌보게 하였다. 이 때문에 지금의 명륜동 1, 2, 3가는 이 순흥안씨 노비들의 거주지가 되었고, 이곳에는 순흥안씨 노비문서가 없으면 들어가서 살 수가 없었다. 그들은 성균관의 일을 돌보면서 양반들의 자제들을 하숙(下宿)시켰는데, 그들 중에 많은 사람이 과거에 합격하여 조정의 요직에 올랐다. 그럼으로써 이들은

순흥안씨(順興安氏)

그러한 배경과 성균관의 제사 일을 도맡아 했었다는 데서 그 위세가 당당했다고 하며, 양반이라 할지라도 이들에게 말을 할 때 "해라"라는 하대를 못하고, "하게"라고 일렀다고 한다.

또한 지금의 대중음식의 하나인 '설농탕'은 순흥안씨 노비들이 성균관의 제사 때 제사에 쓰기 위해 잡은 소[牛]의 뼈를 고아 그들의 농사신(農事神)인 선농(先農)에게 풍년을 빌며 바친 '선농탕(先農湯)'이 유래라고 하니(조선일보 1981.5.15자 12면), 서울에 노비촌(奴牌村)을 가졌던 순흥안씨 가문의 위세와 영향력을 보여주는 대목이다.

예로부터 그 가문(家門)을 볼 때 세 명의 왕비를 배출한 가문보다는 한 명의 정승이 나온 가문을 더 쳤고, 세 명의 정승을 배출한 가문보다는 한 명의 선생(先生)이 나온 가문을 더 알아준다고 했다(三王妣 不如一政丞 三政丞 不如一先生).

순흥안씨는 문성공 안향(安珦)을 비롯하여 좌의정(左政丞) 부원군(府院君) 문의공(文懿公) 안문개(安文凱), 부원군(府院君) 대제학(大提學) 문정공(文貞公) 안축(安軸), 대제학(大提學) 문경공(文敬公) 안보(安輔) 등 석학(碩學)을 비롯하여 '문(文)'자 시호(諡號)를 받은 선조가 18명이나 된다. 또한 문과 합격자(文科合格者)가 180명, 사마시(司馬試) 합격자가 325명, 그리고 대제학(大提學) 17명을 배출하였으니, 가히 학자(學者)의 명가(名家)라고 할 수 있다.

또한 10대를 내리 당상관(堂上官) 이상의 벼슬을 하는가 하면, 다른 가문에 유례가 드문 삼수훈봉(三受勳封) 오전문형(五典文衡) 즉 3대를 내려 부원군(府院君), 5대를 내려 대제학(大提學)을 하는 등 학자의 가문으로 이름이 높다. 그리고 문외시호(文外諡號)를 받은 선조가 15명, 봉군(封君) 받은 선조가 20명이나 된다.

순흥안씨(順興安氏)

먼저 안향의 아들로 충렬왕 8년(1282) 문과(文科)에 급제한 안우기(安于器)는 우부승지(右副承旨)와 밀직부사(密直副使)를 역임하고 충숙왕(忠肅王)이 즉위하자 지밀직(知密直)으로 새로 구입한 경적(經籍) 1만8백 권을 검열했으며, 대사헌(大司憲)을 거쳐 검교찬성사(檢校贊成事)와 판전의시사(判典儀寺事) 등을 지낸 후 순평군(順平君)에 봉해졌다.

고려가 망하자 형조전서(刑曹典書)로서 벼슬에서 물러났던 안원(정당문학 안원숭의 아들)은 이초(彛初)의 옥사(獄事)에 연루되어 유배되기도 했으나 태조(太祖)가 구도(舊都)인 개성(開城)의 유수(留守)로 있게 하고 그 충절을 극찬하여 후에 시호(諡號)를 경질(景質)로 하사(下賜)했다. 호방한 성품으로 구김이 없었던 그는 항상 책을 놓지 않았는데, 어느 날 산골짜기에서 글 읽는 소리가 나서 이첨(李詹)이 찾아가 보니, 그가 나무에 기대어 왼팔에 매를 얹어 놓고 오른손으로는 주자(朱子)가 지은『통감강목(通鑑綱目)』의 책장을 넘기고 있었다고 한다.

문경공 안영화의 아들로 호부낭중(戶部郎中)에 추증된 안득재(安得財)의 후손에서는 밀직제학(密直提學) 안석(安碩)의 아들 5형제가 뛰어났다. 충숙왕 11년(1324) 원(元)나라 제과(制科)에 급제한 안축(安軸)은 충혜왕(忠惠王) 때 강릉도(江陵道)를 존무(存撫)하고「관동와주(關東瓦注)」라는 문집(文集)을 저술했으며, 감춘추관사(監春秋館事)가 되어 이제현(李齊賢)과 함께 민지(閔漬)가 지은「편년강목(編年綱目)」을 개찬하고, 충렬, 충선, 충숙왕 3조(朝)의 실록(實錄) 편찬에 참여했다. 특히 그는 우리나라 국문학 사상 경기체가(景鍵體家)의 대가(大家)로 아름다운 시상(詩想)의 시인이었으니, 「관동별곡(關東別曲)」과「죽계별곡(竹溪別曲)」을 남겨 문명(文名)이 높았고 흥녕군(興寧君)에 봉해졌다.

순흥안씨(順興安氏)

  그의 아우 안보(輔)는 19세에 문과에 급제하여 공민왕(恭愍王) 때 동지공거(同知貢擧)와 정당문학(政堂文學)을 거쳐 동경유수(東京留守)를 역임했다.

  안축의 아들 안종원(安宗源)은 우왕(禑王) 때 환관(宦官)들의 전횡을 시정하는데 앞장섰으며, 대사성(大司成)과 대사헌(大司憲)을 거쳐 판숭경부사(判崇敬府事)가 되어 순성보조공신(純誠輔祚功臣)에 책록되고 순흥군(順興君)에 봉해졌으며, 청렴으로 문하찬성사(門下贊成事)에 발탁된 후 공양왕(恭讓王) 때 판삼사사(判三司事)에 진봉되었다.

  안종원의 아들 3형제 중 막내인 안경공(安景恭)은 이성계(李成桂)를 도와 조선 창업(創業)에 공을 세워 흥녕군에 봉해졌다가 태종(太宗) 때 부원군(府院君)에 진봉되었다.

  안경공의 아들 안순(安純)은 세종(世宗) 때 명신(名臣)으로 유명했다. 그가 사헌부 잡단(司憲府雜端)으로 있을 때의 일인데, 궁녀 하나가 죄를 범하였으므로 태종이 대사헌 조박에게 명하여 당장 죽이라고 하자, 안순이 죄를 밝히지 않고 죽이는 것은 부당하다고 상주하여 왕이 그의 말을 좇았다고 한다.

  그의 아들 안숭선(安崇善)은 세종 2년(1420) 식년문과에 급제하여 이조 정랑(吏曹正郎)과 형조 좌랑(刑曹佐郎)을 거쳐 동부대언(同副代言)에 올라 파저강(婆猪江)의 야인(野人) 정벌을 주장했다. 특히 그는 준수하고 호걸스럽기가 보통 사람보다 뛰어났으며, 동부승지(同副承旨)로 있을 때 재주와 학문을 인정받아 황보인(皇甫仁) 후임으로 도승지(都承旨)에 발탁되었다.

  순흥부원군(順興府院君) 안문개(安文凱)의 손자 안천보(安天保)는 세종비(世宗妃) 소헌왕후(昭憲王后)의 외조부로 세종 때 좌의정(左議政)에 이르렀으며, 부윤(府尹) 안지귀(安知歸)의 아들 안침(安琛)은 성종(成宗) 때 이조 참판을 거쳐 연산군 때 동지춘추관사(同知春秋

순흥안씨(順興安氏)

館事)가 되어 『성종실록(成宗實錄)』 편찬에 참여했다.

사예(司藝) 안돈후(敦厚)의 아들로 성종 때 친시문과(親試文科)에 급제한 안당은 장중(莊重)하여 말과 웃음이 적고, 청백하고 검소하여 바른 것을 지켜 직무를 행했으며, 의(義)를 행함에 과단성이 있어서 임금에게 아뢰어 시행한 것이 많았다고 『당적보』에 적고 있다. 연산군이 사간원(司諫院)의 벼슬을 없앴는데, 인조반정(仁祖反正)으로 대사간에 등용되어 무너지는 기강을 바로 세우고 원통한 사람들의 마음을 씻어 주었으며, 이조 판서가 되자 선비를 뽑아 인재 등용에 힘썼다. 강직한 성품으로 오직 나라 일에 전념했으나 소인들에게 미움을 받아 화를 입었다. 그가 일찍이 호서 안찰사(湖西按察使)로 나갈 때 시(詩)를 짓기를 "말고삐 잡으면서 천하를 맑게 하겠다던 옛 사람의 일을 내가 어찌 감당하랴. 다만 충의를 가지고 내 한 몸을 꾀하지 않으리" 하였다.

안당의 세 아들이 모두 과거에 급제하여 벼슬에 오르자 그는 집안이 너무 성(盛)한 것을 염려하여 벼슬에서 사직하려 했으나 뜻을 이루지 못하고 좌의정(左議政)에까지 올랐다. 청렴한 성품으로 녹으로 받는 것 외에는 모아 둔 재산이 없어 부인이 갑자기 죽자 장사를 치르지 못하여 남에게 빌려서 상례를 치르니 사람들이 그의 청백에 감복했다고 한다. 후에 기묘사화에 화를 입게 된 유신들을 구하려다 파직되고, 신사무옥으로 사사(賜死)되었다.

명종조에 『경국대전주해(經國大典註解)』를 찬수했던 안위(安瑋)의 아우 안현(安玹)은 명종 때 현상(賢相)으로 청백리(淸白吏)에 녹선되었다. 『청강사재록(淸江思齋錄)』의 기록에 의하면, 그는 충성스럽고 청렴하여 청탁이 통하지 않았다고 하며, 등에 종기(腫氣)가 나자 의원이 지렁이 즙을 내어서 발라야 한다고 하니, 그가 이르기를 "한창 봄에 만물이 생생한데 지렁이가 비록 미물이지만 어찌

내 병을 위하여 생명 있는 것을 죽이겠는가" 라고 하였다 한다.

  전적(典籍) 안기(安璣)의 아들 안처순(安處順)은 여섯 살에 아버지를 여의고 중부(仲父)인 안침(安琛)에게 의탁하여 중종(中宗) 때 별시문과에 급제한 후 구례 현감(求禮縣監)으로 나갔다가 기묘사화(己卯士禍)로 은퇴하고, 다시 봉상시 판관(奉常寺判官)을 지냈다. 조광조(趙光祖)가 능성(綾城)에 유배되었을 때 그와 아는 체만 해도 잡혀간다 하여 모두 조광조를 소외했는데, 안처순은 멀리 구례로부터 올라와 조광조를 만나고 기묘사화로 남쪽에 유배되어 온 현량(賢良)들의 생활을 동분서주하며 구제했다.

  그 밖에 순흥안씨를 빛낸 인물로는 양성 현감(陽城縣監)을 지내고 글씨와 그림으로 유명했던 안정(安珽 : 병조 좌랑 안처선의 아들)과 선조 때 『명종실록(明宗實錄)』편찬에 참여했고 지돈녕부사(知敦寧府事)에 오른 안자유(安自裕)가 대표적이며, 안위(安衛)는 거제현령(巨濟縣令)이 되어 통제사 이순신(李舜臣)을 도와 벽파진(碧波鎭) 싸움을 승리로 이끌어 선조(宣祖)로부터 『무경칠서(武經七書)』를 하사받았다. 임진왜란 때 금산(錦山) 싸움에서 의병장(義兵將) 고경명(高敬命)과 함께 순절한 안영(安瑛 : 처순의 증손)과 역시 임란 때 남원(南原)에서 순절한 안대중(安大重)·안사오(安嗣吳)의 부자도 충절로 이름을 떨쳤다.

  근대에 들어서는 안중근(安重根)의 공판 때 무료 변호를 맡았던 변호사 안병찬(安秉瓚 : 上海臨政 법무차장), 한국 최초의 비행사 안창남(安昌男), 3·1운동 후 독립군 사령부를 창설한 안무(安武), 독립운동가이자 정치가인 안재홍(安在鴻), 한국이 낳은 세계적인 음악가로 애국가를 작곡한 안익태(安益泰), 한말(韓末)의 대표적인 화가 안중식(安中植), 항일비밀 결사 대동(大東)청년단을 조직하여 구국운동을 전개하는 한편 무역업에 종사하면서 독립군 운동을 측면 지원했던 거상(巨商) 안희제(安熙濟), 을사조약(乙巳條約) 체결 후 1천여 의병을 진두지휘하며 홍주산성(洪州山城)에서 항일전을 치뤘던 의병장 안병찬(安炳瓚) 등이 순흥안씨의 인물들이다.

안병찬(安秉瓚)은 광무 9년(1905) 법부주사(法部主事)로 을사조약(乙巳條約)이 체결되자 대궐에 들어가 통곡했다. 1909년 안중근(安重根)의 공판에 변호사가 되어 무료로 변호를 담당하였으며, 3·1운동 후 만주로 망명하여 안동현(安東縣)에서 대한청년단을 조직하고 총재가 되었으나 체포되어 평양에 이송되었다. 복역 중 병보석 되자 만주 관전현(寬甸縣)으로 탈출하여 홍통구(弘通溝)에서 김승만(金承萬) 등과 대한청년연합회를 결성, 총재로서 많은 독립단원을 훈련시키고, 1920년 일본군에 다시 피체되었다가 곧 석방되어 상해(上海)로 가서 임시정부 법무차장에 임명되었다.

안창남(安昌男)은 목사의 아들로서 한동소학교를 졸업하고, 미국인 비행사의 시범 비행을 보고 비행사가 될 것을 결심했다. 1918년 도일하여 대판(大阪)자동차 학교에서 조종술을 배운 다음 모교의 교수가 되었다. 1921년 비행사 시험에 합격하고, 이 해 동경(東京)과 대판(大阪) 사이의 우편 비행기의 조종사가 되었다. 다음해 동아일보(東亞日報)의 후원으로 고국 방문 비행을 하여 열광적 환영을 받았다. 그 후 독립운동에 참가하기 위해 상해(上海)로 탈출하여 산서성(山西省)에 가서 염석산(閻錫山) 장군 휘하의 태원(太原)비행학교 교관이 되었으며 뒤에 중국의 혁명전선에 참가했다.

안무(安武)는 1899년 구한국군(舊韓國軍) 진위대(鎭衛隊)에 입대하였으며, 경성교련관(京城敎鍊官) 양성소를 졸업하고 진위대(鎭衛隊) 교련관이 되었다. 1907년 군대 해산으로 퇴직한 뒤 한일합방이 되자, 만주(滿洲) 간도(間島)로 망명하여 대한국민회 부회장이 되었다.

순흥안씨(順興安氏)

3·1운동 후 독립군사령부를 창설하여 독립군을 양성하는 한편 러시아에서 무기를 구입하여 군비를 확장했다. 그 후 도독부군(都督府軍)과 합류하여 부관(副官)이 되고, 1920년 일본 제19사단 소속 부대와 봉오동(鳳梧洞) 부근에서 접전하여 일본군 1백 20명을 사살한 승리를 거두었다. 이어 2백 명의 의병을 이끌고 밀산(密山)으로 이동하여 대한독립군단 조직에 참가했다가 이듬해 국민군을 인솔하고 러시아의 자유시로 들어가 고려군정의회(高麗軍政議會)와 합류했다. 1923년 국민회 사령관으로 북경(北京)에서 열린 국민대표회의에 참석하고, 이듬해 용정(龍井)에 본부를 두고 항일운동을 하다가 왜경의 습격으로 부상을 입고 체포되었다. 용정(龍井) 자혜병원(慈惠病院)에서 치료를 거절하고 죽었다.

안재홍(安在鴻)은 1914년 일본 와세다 대학정경과를 졸업하고, 1916년 중국 상해(上海)로 망명하여 이회녕(李會寧), 신채호(申采浩) 등이 조직한 동제사(同濟社)에 가입했고, 귀국하여 중앙고보 교감, 기독교 교육부 간사를 역임했다. 3·1운동 때 만세 운동을 지휘하고 이어 대한청년외교단을 조직하여 임시정부와 연락을 취하다가 왜경에게 체포되어 3년간 복역했으며, 1923년 시대일보를 창간하여 이사 겸 논설위원을 지내고 조선일보(朝鮮日報) 사장 겸 주필로 10년간 재직했다. 한편 물산장려회 이사로 국산품 장려 운동을 주도했다. 1925년 신간회 총무가 되었으나 일본 관헌에 체포되어 8개월간 복역했다. 1936년 임시정부와의 내통이 발각되어 2년간 복역했으며, 1942년 조선어학회 사건에 연루되어 1년간 수감되었다. 해방 후 미군정청 민정장관이 되었고, 1950년 제2대 국회의원에 당선되었으나 6.25 사변 때 납북되었다.

민족의 암흑기에 가장 빛나는 빛으로 살다간 도산(島山) 안창호(安昌浩), 그리고 안중근(安重根)의 이름은 순흥안문(順興安門)의 영광을 넘어서 한민족(韓民族)의 찬란한 빛이다.

안창호(安昌浩)는 『독립신문(獨立新聞)』을 창간하여 임시정부 육성과 민족 계몽운동에 진력했다. 또 "참되자! 일하자! 미쁘자! 날쌔자!"의 4대 정신을 지표로 흥사단을 조직하였다. "거짓이여! 너는 내 나라를 죽인 원수로구나. 군부(君父)의 원수는 불공대천(不共戴天)이라 했으니 내 죽어도 거짓말은 아니 하리라", "서로 사랑하면 살고 서로 싸우면 죽는다. 너도 사랑을 공부하고 나도 사랑을 공부하자. 남자도 여자도 우리 2천만이 사랑하기를 공부하자. 그래서 2천만 한족(韓族)은 서로 사랑하는 민족이 되자", "참배나무에는 참배가 열리고 똘배나무에는 똘배가 열린다. 독립국의 자격이 있는 국민에게는 독립국의 열매가 열린다", "동포여! 힘을 기르소서", "나라가 없을 때 한 집과 한 몸이 있을 수 없고 민족이 천대받을 때 혼자만이 영광을 누릴 수 없다".

59년 일생을 "잠을 자도 대한의 독립을 위해, 밥을 먹어도 대한의 독립을 위해"라며 일제(日帝)와 싸우고, 일제(日帝)에 나라가 먹히도록 하고만 자신과 겨레의 악덕과 싸운 도산(島山) 안창호(安昌浩)는 흔히 인도(印度) 독립운동의 영웅 간디에 비교된다.

진사 안태훈(安泰勳)의 아들 안중근(安重根)은 하얼빈 역두에서 동양 평화의 교란자 이등박문(伊藤博文)을 평화를 사랑하는 5억 아시아인의 이름으로 처단했다. 그리고 "장부는 비록 죽을지라도 마음이 쇠와 같고, 의사는 위태로움에 임할지라도 기운이 구름 같도다"라는 유시(遺詩)를 남기고 형장의 이슬로 사라졌다.

안중근(安重根)은 일찍이 한학(漢學)을 수학하였고, 승마, 궁술도 익혀 문무를 겸했다. 1895년 천주학에 입교하였으며, 1905년 을사조약(乙巳條約)이 체결되자 1907년 남포(南浦)에 돈의학교(敦義學校)를 세운 후에 만주(滿洲)를 거쳐 블라디보스톡으로 망명했다.

순흥안씨(順興安氏)

융희 2년(1908) 대한의군참모중장(大韓義軍參謀中將) 겸 특파독립대장(特派獨立大將) 및 아령지구군사령(俄領地區軍司令)의 직책을 맡아 의병군을 이끌고 경흥(慶興)까지 쳐들어가 일본군과 싸웠다. 1909년 러시아 장상(藏相) 코코프체프와 회담하기 위해 만주 하얼빈에 오는 이토 히로부미의 살해를 결심하고 일본인으로 변장하여 하얼빈역에 잠입한 후 권총으로 이토를 쏘아 죽이고, 하얼빈 총영사, 내대신, 비서관 등에게도 중상을 입히고 현장에서 체포되었다가 1910년 여순(旅順) 감옥에서 사형되었다. 글씨에 뛰어나 많은 유필을 남겼으며, 재감 중에 '동양평화론'을 집필했다.

안중근(安重根)의 종제(從弟) 안명근(安明根) 또한 어렸을 때부터 형의 감화를 받고 항일운동에 투신하여 무력으로써 독립을 쟁취할 목적으로 남만주(南滿洲)에 무관학교 설립을 계획하고 황해도(黃海道)의 부호들에게서 자금을 염출하다 체포되었다. 석방된 후 데라우치 총독의 암살을 계획하고 선천역(宣川驛)에서 거사하려다 체포되어 무기징역을 선고 받고 10년간 복역했다. 그 뒤 만주(滿洲)로 망명해 독립운동을 계속하다 길림성(吉林省)에서 병사했다.

안익태(安益泰)는 평양 숭실학교(平壤崇實學校)를 수료하고, 일본 국립음악학교에서 첼로를 전공했으며, 1930년 도미하여 필라델피아 커티스 음악학교에 입학하고 뒤이어 신시내티 음악학교에서 첼로와 작곡을 전공하였다. 1936년 유럽에 건너가 이듬해 빈에서 리하르트 슈트라우스에게 사사했으며, 영국 민요를 따라 부르던 애국가를 새로이 작곡하고 1939년 부다페스트 국립 음악학교에 들어갔다. 그 후 지휘자로서 각국을 순례하며 영국의 로열필하모니, 이탈리아의 로마 교향악단을 비롯한 각국의 유명한 2백여 교향악단을 지휘하여 세계적으로 명성을 떨쳤다. 후기 낭만파에 속하는 지휘자였던 그는 1965년 9월 스페인 바르셀로나 병원에서 별세했다.

순흥안씨(順興安氏)

# 구보서문(舊譜序文)

## 병오보서문(丙午譜序文)

씨족(氏族)에 족보(族譜)가 있어온 지는 오래 되었다. 족보가 없으면 선조(先祖)가 어디에서 나왔는지를 알 수가 없으며, 혹은 자손들이 점점 괴리되어 시마복(緦麻服)의 친척을 서로 몰라보아 길가는 사람과 똑같이 대하게 된다. 그리하여 친속(親屬)이 다하고 복이 다하기를 기다리지 아니하고도 소원해진다. 우리 순흥안씨(順興安氏)는 가문이 효도와 우애를 전해 오고 대대로 시(詩)와 예(禮)를 지키며 벼슬이 이어온 지가 지금 삼백년이 되는데 아직도 족보를 편수하지 못하였다.

사제(舍弟) 현(玹)이 부지런히 수집하고 널리 찾아 손수 뽑아 기록하고, 뒤에 족형(族兄)인 현감(縣監) 정(珽)이 편찬한 보첩(譜牒)을 얻어 장차 간행하려고 하였는데 병오년(1546) 봄에 영남관찰사(嶺南觀察使)로 부임하였다. 그리하여 교화를 베푸는 여가에 생원(生員)인 승종(承宗)을 맞이하여 그가 소장하고 있는 옛 보첩과 다른 족보들을 함께 모아 대조하고 수정하게 한 다음, 안동부사(安東府使) 성공 근(成公謹)에게 부탁하여 각수(刻手)들을 모집해서 판각(板刻)하게 하니, 두 군(君)은 모두 안씨의 내외손(內外孫)이었다.

이에 자손 중에 이 도(道)에 책임을 맡고 있는 자로 병사(兵使) 김공 순고(金公舜皐)와 수사(水使) 송공 진(宋公軫), 도사(都事) 정군 준(鄭君俊), 상주목사(尙州牧使) 정후 희홍(鄭候希弘), 김해부사(金海府使) 권후 겸(權候瑊), 청송부사(淸松府使) 이후 경장(李候敬長), 밀양부사(密陽府使) 김후 팽령(金候彭齡),

순흥안씨(順興安氏)

대구부사(大邱府使) 황후 세헌(黃候世獻), 예천군수(醴泉郡守) 김군 홍(金君泓), 영천군수(永川郡守) 이군 중량(李君仲樑), 풍기군수(豊基郡守) 유군 경장(柳君敬長), 금산군수(錦山郡守) 심군 희원(沈君希源), 함안군수(咸安郡守) 유군 세구(柳君世龜), 청도군수(淸道郡守) 김군 희직(金君希稷), 양산군수(梁山郡守) 황군 이(黃君怡), 의성현령(義城縣令) 장군 세심(張君世沈), 용궁현감(龍宮縣監) 김군 우(金君雨), 군위현감(軍威縣監) 허군 신(許君愼), 언양현감(彦陽縣監) 이군 수지(李君秀枝), 비안현감(比安縣監) 유군 복룡(柳君伏龍), 인동현감(仁同縣監) 조군 정균(趙君庭筠), 기장현감(機張縣監) 전군 침(全君琛) 및 사근찰방(沙斤察訪) 권군 동필(權君東弼), 황산찰방(黃山察訪) 이군 상(李君翔)이 서로 이 일을 도왔다.

생각건대 선조(先祖)이신 휘(諱) 자미(子美)가 두 아드님을 두었으니 장자(長子)는 휘가 영유(永儒)이며, 차자(次子)는 휘가 영린(永麟)이다. 영유가 휘 부(孚)를 낳았으며, 부가 문성공(文成公) 휘 향(珦)을 낳았는데, 사문(斯文:儒學)을 자신의 임무로 삼았으며 말년에 항상 회암(晦庵:朱子)의 화상(畵像)을 걸어놓고 사모하는 마음을 다하고는 스스로 회헌(晦軒)이라 호하였는 바, 고려(高麗) 충숙왕(忠肅王) 6년(1319)에 문묘(文廟)에 종사(從祀)되었다. 영린이 정준(貞俊)을 낳았으며, 정준이 검교군기감(檢校軍器監) 성철(成哲)을 낳았다. 성철이 세 아들을 낳았으니 장자는 수견(守堅)이고, 차자는 자겸(自謙)과 문개(文凱)이다.

문성공의 족자(族子)인 석(碩)은 과거에 급제(及第)하였으나 은둔하고 벼슬하지 않았으며, 석의 아들은 축(軸)인데, 바로 근재 선생(謹齋先生)으로 아우 보(輔)와 함께 원(元)나라 조정의 제과(制科)에 급제하여 마침내 삼대족(三大族)으로 나뉘었다.

지금 그 자손들이 의관(衣冠)을 하고 관복(官服)을 입은 자가

순흥안씨(順興安氏)

조정(朝廷)에 가득히 나열되어 있으며 후손의 경사가 더욱 돈독한데, 특히 외손(外孫)이 융성하여 위로는 소헌왕후(昭憲王后)로부터 오늘에 이르기까지 대대로 중궁(中宮)을 탄생하여 중전(中殿)에서 지위를 잡아 우리 조선(朝鮮)에 억만세(億萬世) 무궁한 복을 펴게 하였으니, 이는 고금(古今)과 천하에 일찍이 들어보지 못한 것이다.

왕실에서의 인후(仁厚)하신 왕후(王后)의 덕(德)에 이르러는 주(周)나라의 왕실과 아름다움을 필적하는 바, 이 내용이 『선원록(璿源錄)』에 자세히 기재되어 있으니 여기서는 감히 언급하지 않는다.

뿌리가 깊은 나무는 잎이 무성하고 근원이 먼 물은 흐름이 기니 이는 필연적인 이치이다. 검교공(檢校公)은 아들이 많은 복을 누렸으며, 문성공과 근재의 도덕과 문장은 당시에 으뜸이었고 후세에 모범을 남겼으니, 이 어찌 우리 선조에서 선(善)을 많이 쌓은 경사로써 뿌리가 깊고 근원이 먼 것이 아니겠는가. 그 자손들이 번성하여 시서(詩書)의 유택(遺澤)이 더욱 오래도록 영원히 전함은 당연하다 하겠다. 족보는 모두 세권인데 문성공의 자손이 제1권에 수록되었고, 검교공의 자손이 제2권이며, 급제공(及第公)의 자손이 제3권에 수록되었다. 다만 한스러운 것은 선조 이상은 가승(家乘)이 전하지 못하여 다 기록하지 못하니, 이것이 오늘날 나의 무궁한 비통이다. 지금 만일 족보를 편수하지 않는다면, 오늘보다 뒤에 있는 자들이 또한 장차 어떻게 마음을 가누겠는가.

우리 안씨는 대대로 죽계(竹溪)의 위에서 거주해왔는데, 문성공이 서쪽에 사셨고 근재 선생이 동쪽에 사셨으니 검교공이 거주한 곳도 또한 반드시 그 장소였을 것이며 산천이 맑고 깨끗하여 옛터가 완연하다. 근년에 주 선생 세붕(周先生 世鵬)이 본군(本郡)으로 부임한 다음, 마침내 순흥성(順興城)의 북쪽 소백산(小白山) 아래에 서원(書院)을 짓고 문성공의 유상(遺像)을 봉안(奉安)하고 문정공(文貞公) 축(軸)과 문경공(文敬公) 보(輔)를 함께 배향하였다. 처음 서원 터를 닦다가 묻어 놓은 구리 약간 근(斤)을 발굴하였다. 그리하여 이것으로써 서적을 사서 보관하였으니, 마치 하늘이 그 비용을 도와준 듯하므로 이 또한 기이한 일이다.

서원에 급료를 넉넉히 주고 사령(使令)들을 충분히 두어 한 도(道)에 학행(學行)이 있는 자들이 모여서 학문을 익히고 있으며, 또 악장(樂章)을 지어 동남(童男)들로 하여금 노래하고 제사하게 하니, 이는 선조(先祖)께서 수백 년 뒤에 알아주는 사람을 만났을 뿐만 아니라 주 선생이 도(道)를 보호하고 학교를 일으키려는 뜻 역시 더욱 가상하다 하겠다.

주 선생은 임기가 차기도 전에 경연(經筵)으로 불려갔고 유군(柳君)이 와서 고을을 맡았으며, 감사(監司)가 또 풍교(風敎)를 펴서 서원의 일에 더욱 유감이 없게 하였다. 그리하여 자손들이 옛날 살던 곳을 찾아보고 감회를 일으키니, 서원에 절하고 우러러 보면 엄연(儼然)히 선조의 슬하(膝下)에 있으면서 배움터로 달려가는 듯하다. 이는 모두 우리 선세(先世)에서 덕을 많이 쌓고 빛을 남기시어 하늘이 실로 명명(冥冥)한 가운데 묵묵히 도운 것이며, 보첩(譜牒)이 이루어짐도 또한 지금을 기다린 것이라 할 것이다.

아! 한 사람의 몸이 나뉘어 형제가 되고 형제가 나뉘어 복(服)이 다함에 이르는 것은 형편상 어쩔 수 없는 일이다. 성인(聖人)도 또한 부득이 이대로 예법을 제정하였으니 복(服)은 비록 다할 수 있으나 정(情)은 다할 수가 없는 것이다. 다할 수 없는 정이 끝나 없어지는 복과 함께 없어지지 않는다면 이 족보로 자손들은 효제(孝悌)의 마음이 크게 일어날 것이다.

그리하여 반드시 선조의 덕업(德業)을 실추하지 않게 하려고 노력할 것이며, 또 아무는 아무의 후손이니 나에게 숙질(叔姪)의 항렬과 형제의 항렬이 됨을 알아서 만나지 않더라도 정(情)이 이미 친하고 서로 만나보면 마음이 더욱 가까워질 것이다. 비록 먼 백세(百世)의 뒤에라도 많은 후손들이 화기애애하여 마치 한 집안의 식구와 같아질 것이니, 후손들이 어찌 길가는 사람처럼 볼 리가 있겠는가, 이는 족히 은의(恩誼)를 돈독히 하고 윤리를 두터이 하며 효제의 마음을 일으키고 예양(禮讓)의 풍속을 이룰 수 있으니, 이는 감사(監司)와 제군(諸君)들이 마음속에 생각하고 생각하는 바이다. 모든 자손들은 이를 노력하여야 할 것이다.

가정(嘉靖) 25년(1546) 9월 일
후손 통훈대부 파주목사 양주진관 병마동첨절제사(通訓大夫 坡州牧使 揚州鎭管 兵馬同僉節制使) 위(瑋)는 삼가 서(序)하다

## 기해보 서문(己亥譜序文)

옛날 가정(嘉靖) 병오년(1546)에 안상국 현(安相國玄)이 영남관찰사(嶺南觀察使)로 부임하여 비로소 족보를 편찬하였는데, 지금 병오년과는 이미 114년이 지났다. 그리하여 이름이 보첩에 올라 있으나 생존해 있는 자는 하나도 없으며 늦게 태어나 기록되지 못한 자가 대부분이니, 많은 후손들이 뒤이어 기록하지 않을 수가 없다. 고조(高祖)이신 순계군(順溪君:世復)이 이것을 모으는 일에 뜻을 두시어 세 파(派)의 후손들을 기록한 것이 거의 몇 권이었는데, 불행히도 병자년(1636) 난리에 보관한 서적과 함께 보전하지 못하고 말았으니 아! 애석하다.

불초(不肖)는 선조의 뜻을 이루고자 하여 즉시 서울과 지방에

있는 보계(譜系)를 수록하여 마침내 삼파(三派)의 후손인 찰방(察訪) 홍정(弘靖)과 선비인 세형(世亨), 도징(道徵), 만유(晩瑜), 만규(晩珪), 만정(晩珽) 등 제씨와 함께 각 계파의 항렬을 연구하여 서로 대조하고 참고해서 세 파의 족보를 다시 만들어 6권(六卷)의 책으로 나눈 다음 각수들을 모집하여 판각하였다.

다만 이목(耳目)이 미치지 못해서 누락되어 기록되지 못한 자가 반드시 많을 것이니, 행여 다음에 뒤를 이어 편찬해서 중단하지 않고 영원히 이어간다면 이 족보에 거의 유감이 없을 것이다. 외손 중에 이 역사를 도운 자들을 왼쪽에 나열하여 후세에 보이는 바이다.

숭정(崇禎) 병자년 뒤 23년인 기해년(1659) 가을에<br>후손인 통정대부 행의성현령 응창은 재배하고 삼가 쓰다

## 을유보서(乙酉譜序)

사람들이 자신의 성(姓)에 따라 족보를 만드는 것은 조상을 받들고 동족(同族)을 모으기 위해서이다. 조상을 받드는 것은 본받을 만한 분을 본받기 위함이며, 동족을 모으는 것은 가르칠만한 사람을 가르치기 위함이다. 가르칠만한 후손을 이끌어주고 본받을만한 분을 추모하는 것, 이것이 바로 족보를 만드는 본래의 뜻이다. 큰 가문에는 본받을 만한 선조가 있고, 선조가 현명하면 반드시 가르칠 만한 후손이 있기 마련이다. 그것은 천명에 순응하는 덕을 가진 분은 후손이 반드시 번창하고, 후손에게 전달된 조상의 기운은 바뀌지 않기 때문이다. 예나 지금으로 다 증명해 보아도 분명하게 말할 수 있는 것이니, 아아! 이 어찌 속일 수 있는 것이겠는가?

# 순흥안씨(順興安氏)

우리 안씨는 순흥(順興)에서 시작되어 삼세(三世)를 거친 뒤, 문성공(文成公, 安珦)이 위대한 덕과 학문으로 백대의 유종(儒宗)이 되셨고, 족자(族子)이신 문의공(文懿公, 安文凱)은 독실한 의(義)와 훌륭한 학식으로 당대의 명신이 되셨다. 밀직공(密直公, 安碩)은 마음속에 쌓인 덕을 펼치지 않으시고 과거에 급제한 뒤 은거하셨는데, 그 아들 문정공(文貞公, 安軸)과 문경공(文敬公, 安輔) 두 분이 학문으로 세상에 이름을 날리셨으니, 아아! 참으로 성대하도다.

우리나라는 기자(箕子)가 돌아가신 이후 세상이 쇠퇴해져 도가 희미해지기 시작했다. 고려 때에는 불교를 받들고 귀신을 섬겼으며, 무신의 난이 일어나 인륜이 더럽혀지니 오랑캐와 거의 차이가 없게 되었다. 그러나 우리 문성공만이 공자(孔子)와 주자(朱子)를 존숭하시어 학교를 건립하여 경전을 가르치셨고, 유학을 권장하고 불교와 귀신을 배척하시며 세상을 선하게 만드는 것을 자신의 임무로 생각하셨다. 국가의 풍속이 일신되고 오륜이 다시 밝혀진 것은 모두 공이 이끌어 주신 덕분이며, 600여 년 흐른 지금까지의 표준은 그때 세워졌던 것이다.

문의공은 충숙왕(忠肅王)을 따라 원나라에 가서 충성을 다하셨고 과거를 주관하여 인재를 얻었으며, 밀직공은 고요히 은거하여 자신을 수양하고 자식을 가르쳐 이름나게 하셨다. 이것은 모두 타고난 자질의 훌륭함 때문이기도 하지만, 또한 부단한 노력과 수양의 결과이기도 하였다.

후손들 대부분이 선조의 학문과 행동을 물려받아 아름답게 드러나고 번창하였다. 물론 물결이 막히고 가지가 마르듯 농상(農商) 계층으로 떨어진 후손들도 있지만, 이들 역시 간악한 백성이 된 사람은 거의 없었으니, 이 점이 여타 성씨와 다른 점이다. 또한 농상 계층에서 자신의 힘으로 역경을 극복하여 문사(文士)가

순흥안씨(順興安氏)

된 사람들도 있었으니, 이 어찌 동족의 기상을 숭상한 것에서 비롯된 것이 아니겠는가?

내 듣건대, 하늘이 퍼뜨린 기운이 사람에게 전해지는 것은 마치 초목의 씨를 땅에 뿌리는 것과 같다고 하였다. 사람은 아주 영험하여 변화할 줄 알기 때문에 스스로 변화할 줄 모르는 사물과는 다르다고 할 수 있다. 하지만 사람 사이에도 하늘로부터 받은 기운의 청탁(淸濁)이 분명히 구분되며, 각각의 기운을 받은 사람들끼리 서로 비슷하다는 것은 무시할 수 없는 일이다. 아름답고 훌륭한 후손이 배출되는 집안이 어떻게 비루하고 간악한 후손이 나오는 집안과 같을 수 있겠는가?

그런데 성쇠의 원인은 기운을 잘 배양하느냐 엎어버리느냐에 달려 있다. 기운이라는 것은 도(道)에 근본을 두는데, 도는 생명을 낳는 것을 주관한다. 끊임없이 생명을 낳는 도는 하늘에서 행해지면 양화(陽化)의 기운이 되고, 사람에게 있으면 문명(文明)의 덕이 되는 것이다. 도와 기(器)는 함께 움직이므로 사물은 비슷한 무리들끼리 모이기 마련이다. 그러므로 학문과 덕이 두터우면 화기(和氣)가 모이게 되고, 학문과 덕이 모자라면 화기는 흩어져 버린다. 화기가 흩어지면 기운은 엎어져 시들게 되고, 화기가 모이면 기운이 배양되어 성대해지는 것이다.

옛날부터 학문의 가르침을 돈독히 하여 만백성을 이끌며 서로 바로잡아주며 살아가면 화기는 모여들었고, 후손들도 그 때문에 번창해졌던 것이다. 이런 점에서 본다면 우리 안씨는 이미 선조들의 훌륭한 덕을 잘 계승했다고 하겠다. 그러니 후손들이 오래도록 번성하여 아직도 조상들이 남기신 은택을 입고 있으며, 하늘로부터 받은 기운이 탁하거나 어지럽지 않아 가르치기 힘든 이가 없는 것은 참으로 마땅한 일이로다.

가정(嘉靖) 병오년(1546)에 문간공(文簡公, 安玹)이 죽창공

## 순흥안씨(順興安氏)

(竹窓公, 安珽)이 지은 첫 족보를 수정 보충하여 3책으로 발간하였고, 114년이 지난 기해년(1659)에 순원군(順原君, 安應昌)이 다시 6책으로 발간하였다. 그 후 또 백여 년의 시간이 흐른 지금 후손들이 더욱 번창해졌으니, 마땅히 족보를 다시 편찬해야 하지만 실행에 옮기지 못하다가 임오년(1762)에 종인(宗人)인 상사(上舍) 대제(大濟)와 나의 족자(族子) 우제(羽濟)가 함께 족보를 수정 편찬하였다. 그 과정에서 혹시라도 실수가 있을까 염려하여 다시 종족의 장로(長老)인 필관(必觀)과 상의하여 고치고 바로잡았다. 이 세 사람은 모두 우리 가문의 뛰어난 인재들로서 상세히 고증하여 정확히 기록하였고 분명히 조사하여 취사선택에 공정을 기하였다. 우리 문성공과 문의공, 밀직공의 자손은 모두 세 파로 나뉘어졌는데, 각각 계파별로 족보를 구분하여 14책을 만들고, 4년 뒤 을유년(1765)에 비로소 간행하게 되었다. 아아! 참으로 부지런하고 간절한 일이었다.

나는 깊은 산속에 숨어 살아서 족보 편찬의 말석에도 참여하지 못했었다. 그런데 보소(譜所)에서 글을 보내와 나에게 서문을 부탁하기에 감히 사양할 수가 없어 삼가 서문을 쓴다. 나의 작은 소망은 이 책이 반포된 뒤 동족들이 족보를 살펴보고 자신을 아껴 유속(流俗)에 휩쓸리지 않았으면 하는 것이다. 또 시례(詩禮)를 익히는 선비들은 족보에 근거하여 자신이 만날 사람을 찾고 가르칠 만한 이들을 진작시켜 함께 우리 선조를 스승으로 모셨으면 하는 것이다.

우리 문성공은 어두운 시대에 태어나셨지만 홀로 주자를 스승으로 삼아야한다고 생각하셨으니, 유학의 오묘한 도리와 정밀한 의에 대해 마음속에 깊은 생각을 가지고 계셨던 것이었다. 행실은 엄숙하고 자상하여 사람들의 칭송을 받으셨고, 세상을 다스리는 일에서는 학교를 세워 인재를 양성하고 인륜과 기강을 밝히는 것을 최우선으로 생각하셨다. 그리하여 비록 무인(武人)이라 할지라도 힘을 다해 의혹을 풀어 주시어 선성(先聖, 孔子)의 가르침에서 벗어나지 않도록 해주셨다. 이것이 바로 공이 수기치인(修己治人)하신 자취이니, 그 뜻과 행동이 일치하였다는 것을 상상할 수 있다. 나아가 문의공의 뛰어난 절개와 밀직공이 자신의 덕을 감추셨던 일들은 천년 뒤 온 세상 사람들이 본받아야만 할 일일 터인데, 하물며 그분들의 후손으로서 같은 기운을 전해 받은 사람이야 어떠하겠는가?

아아! 모범으로 삼아야 할 덕이 바로 우리 선조에게 있고, 가르칠만한 후손들이 우리 동족에 너무나도 많다. 그런데 그것을 아직 잘 모르는 사람이라면 반드시 스스로 분발하여 우리 동족과 함께하며 선조를 배워야 할 것이며, 잘 아는 사람이라고 한다면 마땅히 더욱 매진하여 우리 선조를 본받아 동족들을 깨우쳐 주어야 할 것이다. 곤궁하여 홀로 자신의 몸을 선하게 하는 사람도 우리 동족에서 될 수 있고, 현달하여 천하 사람을 다 선하게 할 사람도 마땅히 우리 종족에서부터 시작해야 할 것이다. 우리 가문의 군자들이여! 힘써야 할 것이로다.

숭정(崇禎) 기원후 세 번째 을유년(1765) 10월 상순에
후손 안석경이 삼가 서문을 쓰다


## 정사보 서문(丁巳譜序文)

모든 종족(宗族)에 보첩이 있음은 종묘(宗廟)의 예(禮)와 같다 할 것이다. 조고(祖考)와 선고(先考)를 대(代)에 따라 위아래에 올리며, 자손들을 차례로 붙이니 어느 모두 소목(昭穆)을 차례한 것이다. 만일 족보가 있다면 눈으로 봄에 선조가 어렴풋이 그 신

위(神位)에 계시는 듯하며, 자손들이 질서정연하게 함께 제사를 받들어 주선하는 듯하다. 이 효도하고 공경하는 마음을 어찌 세대가 멀다 하여 스스로 그만둘 것이며, 친애하는 마음을 어찌 집안이 소원하다 하여 혹시라도 폐(廢)할 수 있겠는가. 이와 같을 진대 사람들이 모두 종자(宗子)의 행실을 돈돈히 힘써 한 세상의 풍교(風敎)에 보탬이 있을 것이니 족보가 세상에 관계됨이 크지 않겠는가.

그러나 보가(譜家)가 아무리 잘하더라도 오히려 미진한 바가 있다. 예천(醴泉)은 근원이 없고 영지(靈芝)는 뿌리가 없지만, 오직 사람은 그 자손의 어짊이 모두 어진 부조(父祖)가 뿌리가 되기 때문이다. 그러하니 보첩을 만드는 자가 그 선조와 후손의 어짊에 대하여 특별히 아름다운 사적과 행실을 뽑아서 가문과 나라에 영지와 예천이 되어 뿌리가 있고 근원이 있다는 사실을 보여줌이 옳지 않겠는가?

이는 이미 별세(別世)하였는데도 그의 어진 덕을 높이며 사당에서 제사할 때에 자손들의 훌륭함에 따라 일을 맡기는 것과 똑같은 의(義)일 것이다. 그런데도 세상의 보가(譜家)들이 이에 미치지 못함은 어째서인가? 이는 아마도 그 번거로움을 꺼려하여 간략히 쓰고자 해서일 것이다.

우리 순흥안씨는 고려(高麗) 때에 일어나서 몇 대를 지나 세 파로 나뉘어졌는데, 파(派)마다 모두 명망과 덕이 있는 조상이 계시다. 문성선자(文成先子)는 해동(海東)에 첫 번째로 나온 유종(儒宗)이시니, 불법(佛法)을 배척하여 선성(先聖)의 도를 호위하였고 학교를 진흥하여 삼한(三韓)의 누추한 풍속을 변화시켰다. 중국(中國)에서도 석가(釋迦)를 높이던 때를 당하여 홀로 주부자(朱夫子)를 높이고 스승 삼아 우리나라의 정학(正學)을 열어놓아 문묘(文廟)의 제향을 받고 계신다.

순흥안씨(順興安氏)

　문의공(文懿公)도 또한 문학과 충의가 있어 쇠하고 혼란한 왕조(王朝)에 드러났으며, 밀직공(密直公)은 은둔하고 스스로 행실을 닦았는데 문정공(文貞公)과 문경공(文敬公) 두 아들이 모두 문장과 훌륭한 행실로 이름이 중국과 오랑캐에 진동하여 문성공(文成公)의 서원제사에 배향되어 계신다. 세파의 조상 중에는 진실로 큰 벼슬과 훌륭한 덕망이 계신 분들이 많은데 이분들이 가장 드러나신다.

　그 후손들이 영원히 선대의 아름다운 덕을 이어 대대로 유명한 사람이 나온 것은 당연하니, 정민공(貞愍公 : 瑭)은 조정암(趙靖庵)등 여러분과 기묘(己卯)의 팔현(八賢)으로 추존되어 지방의 서원에 제향을 받고 계시며, 사제당(思齊堂 : 處順)과 죽창(竹窓 : 珽) 두 공은 또한 기묘사화(己卯士禍)의 명현으로 이름이 외사(外史)에 드러나 있고 사제공은 지방의 사당에 모셔져 있다. 문간공(文簡公)은 근세의 명재상(名宰相)이며, 문간공 이후로 종족이 또한 크게 빛나고 드러나서 오랫동안 끊이지 아니하였고 기록할만한 학행(學行)이 있는 분도 많이 계신다.

　그리하여 세상에 의논하는 자들은 지금까지도 우리 안씨를 문헌(文獻)의 집안으로 추존하고 있으니, 선조들의 빛과 신령스러움이 미치는 바가 참으로 멀다 하겠다. 모든 우리 후손들은 할아버지에게 욕되게 하지 말고 스스로 진수(進修)하여 세덕(世德)을 실추하지 않도록 노력하여야 할 것이다.

　가정(嘉靖) 병오년(丙午年 : 1546)에 문간공이 처음으로 우리의 보첩을 편집하여 몇 권을 만들었으며, 그 후 백여 년이 지난 기해년(己亥年 : 1659)에 순원군(順原君)이 뒤를 이어 기록해서 몇 권을 만들었고, 또 백여 년이 지나 을유년(乙酉年 : 1765)에 종인(宗人)인 대제(大濟)가 맨 처음 일어나서 증수(增修)하는 일에 종사하였으며 나의 족자(簇子)인 우제(羽濟)가 마침내 완

순흥안씨(順興安氏)

성하여 대질(大帙)을 만들었다. 세대가 더욱 멀어질수록 집안이 더욱 번성하니 책이 많아짐은 당연하나 옛날처럼 세상에 빛나 저명한 실제는 조금도 볼 수가 없으니 안타까운 일이다.

보첩은 원보(原譜)와 부록(附錄), 별록(別錄)이 구별이 있으니, 이는 증거할 만한 문헌이 있고 없음에 따라 올리고 내린 것이다. 그러므로 이미 앞의 두 족보에 기록된 것이라도 혹 부록에 기재된 것도 있으니, 마음을 씀이 사사롭지 않고 철저히 살펴서 신중히 한 것을 볼 수 있다. 그러므로 원보 안에는 참람하게 낀 것이 없음이 분명하다 하겠다.

다만 집안들이 미천하고 궁벽한 곳에 멀리 살고 있으며 고단하고 약하여 가까운 친척이 없는 자로서 원보를 이미 판각한 뒤에 수단이 도착하였으면 비록 명백한 문적(文蹟)이 있더라도 부득불 부록에 추록하였으니, 이는 형편상 당연한 것이었다. 무릇 추록에 기재되어 있는 자들이 끝내 스스로 떨치지 못하고 몇 대를 지난다면 후일에 족보를 편수할 때에 누락됨은 이상할 것이 없는 것이다. 우리 집안인데도 우리 소목(昭穆)의 항렬에 붙지 못한다면 진실로 애처로울 만하니, 우제(羽濟)는 이 때문에 이미 고민하고 후인(後人)이 다시 만들기를 기다리고 있다.

또 문성공의 후손들은 나라로부터 별도로 「보유록(保宥錄)」을 만들어 놓고 있는데도 예전부터 혹은 여기에 붙여 족보를 만든 자가 있으니, 우리가 이미 족보를 편수하고 나면 가보(家譜)가 더욱 많아져서 족파(族派)가 서로 출입이 있게 될 것이다. 이런 가보가 함부로 행해지는 데도 막지 않는다면 우리 집안의 소목이 어찌 문란해지지 않을 수 있겠는가. 마땅히 잘못된 것을 고증(考證)하여 거짓을 막는 방법이 있어야 할 것이다.

그러므로 이제 우리 종인(宗人)인 성래가 각 파의 여러 종인들과 함께 다시 만들 것을 의논하였다. 이는 원보(原譜)에 미처 기록되지 못한 것이 있으므로 보충하지 않을 수가 없으며, 가보가 점점 유포되므로 이를 막지 않을 수가 없기 때문이니, 어찌 지금 족보를 만든 지 겨우 한 세대를 지나자마자 곧바로 개수(改修)한다고 비방할 수 있겠는가?

그러나 원보에 당연히 보충해야 할 것은 추보(追譜)에서 그대로 취해온다면 보충하기가 어렵지 않을 것이다. 가보에 진짜를 혼란시키는 병폐는 이를 막기가 쉽지 않을 듯하니, 여러 군자들은 이에 대하여 무슨 방법을 쓸지 모르겠다. 나는 늙은 몸으로 궁벽한 산중에 엎드려 있어서 이 의논에 참여할 수가 없으나 여러 군자들이 마음을 공정히 갖고 있으며 또 선별하기를 분명히 한다는 말을 들었으니, 일의 어렵고 쉬움에 관계없이 어찌 그 마땅함을 얻지 못하겠는가. 이로 말미암아 우리 집안에 혹시라도 소목의 항렬에서 누락되는 자가 없으며, 우리 집안이 아닌 자가 혹시라도 소목을 어지럽히지 않게 된다면 인의(仁義)가 함께 갖추어질 것이니 참으로 좋은 일이 아니겠는가. 번거로움을 꺼려하고 간략함을 숭상하는 습관은 보가(譜家)의 공통된 점이니 하필 까다롭게 논할 것이 있겠는가.

지난 보첩에는 우리 삽교(霅矯) 형이 서문을 쓰셨는데 이번에 여러 군자들은 이것을 나에게 강요하니, 나는 이에 사양하지 못하고 망령되이 위와 같이 쓰는 바이다.

숭정 갑신년 뒤 153년인 병진년(1796) 8월 무자(戊子)에
문성공의 16대손 석임(錫任)은 삼가 서(序)하다

# 무진보 서문(戊辰譜序文)

순흥안씨(順興安氏)

씨족에 족보가 있음은 옛날의 도(道)일 것이다. 옛 선왕의 제도를 상고해보면 종법(宗法)을 제정하여 천하의 민심을 모아 서로 연결하고 끌어 잡게 하였으니, 마치 그물에 굵은 줄이 있고 수레바퀴에 바퀴살이 있는 것과 같이 질서정연하여 환란하지 않고 합하여 풀어지지 아니한다. 그리하여 아래에 풍속이 아름답고 위에 정치가 높아져서 나라와 집안이 반드시 무궁한 복을 받게 된다.

우리 성상(聖上)은 소목(昭穆)을 밝혀 항렬을 똑같이 하라는 뜻을 가지고 사서인(士庶人)의 수많은 씨족들에게 간곡히 효유(曉諭)하였으니 이는 실로 옛날에 일찍이 없었던 훌륭한 일인데, 우리 안씨 족보가 마침 이때에 이루어졌으니 어찌 훌륭하지 않겠는가?

돌아보건대 우리 씨족은 바로 우리나라의 한 대성(大姓)인데 영체(零替)한지가 이미 오래되어 각기 흩어져 살아서 친함이 다하고 정이 다하였을 뿐만 아니라, 기쁜 일이 있어도 축하하지 아니하고 슬픈 일이 있어도 조문(弔文)하지 아니하여 서로 길가는 사람을 보듯 함에 이르렀으니 어찌 서글프지 않겠는가?

우리 보첩(譜牒)은 명나라 가정(嘉靖) 병오년(1546)부터 시작되어 기해년(1659), 을유년(1765), 갑신년(1824), 경인년(1830)에 이르기까지 전후(前後) 편수한 것이 거의 오륙 차례에 이르는데, 연대가 더욱 멀어질수록 후손이 더욱 많아지니 족보가 점점 증가되는 것은 세(勢)가 그렇게 만드는 것이다.

경인년으로부터 지금에 이르기까지 이미 삼십년이 지났으니 중간에 다시 태어나고 사망한 자를 한번 수록하지 않을 수가 없는데, 다만 우리 종중은 청빈(淸貧)하여 재물을 모을 수가 없으므로 뜻은 있었으나 성취하지 못하였다.

여러 종인들과 여러 차례 모이면서 족보를 다시 편수하자는 공론이 크게 일어나 통문을 내어 여러 지방과 각 파에 두루 알리고 족보 단자(單子)를 수합(收合)하였다. 정언(正言) 재린(在麟)이 문간공(文簡公)의 후손으로 이 일을 주관하였고, 좌형(佐衡)과 용호(龍鎬), 재억(栽億)이 함께 교정을 보아 여러 해를 지나 간행되었으니 뜻이 매우 돈독하다.

선세(先世)의 유적을 대략 기술하면, 회헌 선생(晦軒先生)은 고려 말기에 출생하여 이교(異敎)를 배척하고 정학(正學)을 창명(倡明)함으로써 문묘(文廟)에 배향되어 우리나라 유학(儒學)의 주종(主宗)이 되셨다. 가정에서 시예(詩禮)를 익힌 것으로 말하면 문순공(文順公), 문숙공(文淑公), 문혜공(文惠公), 경질공(景質公)이 문학과 절행(節行)으로 세상의 추앙을 받고 있으며, 교양(敎養)이 미친 것으로 말하면 문의공(文懿公), 밀직공(密直公), 문정공(文貞公), 문경공(文敬公) 등 여러분이 충성과 문학으로 당세(當世)에 크게 울렸다. 죽창공(竹窓公)은 회헌의 종손(宗孫)으로 12대(十二代)를 연달아 과서에 올랐으며, 정민공(貞愍公)은 기묘명현(己卯名賢)으로 사림(士林)의 영수(領袖)가 되었다. 한 가문에 네 사람이 함께 현량과(賢良科)에 올랐으며, 문희공(文僖公)·문간공(文簡公) 형제는 청백리로 모범을 남기고 이름과 지위가 드러났으며, 사제당(思齊堂)은 지방 사당에 배향되고, 순양군(順陽君)은 맹부(盟府 : 충훈부)에 이름이 올라 공신(功臣)이 되셨다. 그리하여 명망과 절의(節義), 공업(功業)을 모두 칭송할만한데, 기타 다른 후손 중에도 문행(文行)을 많이 이어 현달하고 번창한 것을 이루 다 기술할 수가 없다. 세상에서 의논하는 자들이 지금까지 우리 안씨를 문헌의 집안이라고 추존하고 있는 것은 어찌 까닭이 없겠는가?

족보를 편수하자는 의논이 나온 지가 육칠년이 지났는데, 나는 승정원(承政院)에 몸이 매여 있어 아침에 일찍 출근하고 늦게

순흥안씨(順興安氏)

퇴청하여 일을 볼 겨를이 없고 가정에 번거로운 일이 많아서 간소(刊所)를 정언(正言 : 재린)의 집에 옮겨 설치하였다. 나는 뒤이어 은혜로운 명령이 내려져 자산(慈山)의 임지로 떠났는데, 몇 달이 못 되어 정언도 또 외직(外職)으로 나갔다. 다행히 좌형씨가 용호, 재억과 함께 협심하여 이 일을 주선하였으며, 휘일(輝一)과 호중(鎬重)이 와서 일을 도왔으니, 이들은 모두 우리 종중의 빼어난 인물들이다. 교정하는 즈음에 매우 자세히 하였고 문성공, 문의공, 밀직공의 자손인 삼대파(三大派)를 각기 분류하여 책을 이루니 모두 십팔권이었다.

아! 신령스러운 춘(春)나무가 잎을 피어 길거리에 그늘을 드리고 있는데 그 뿌리는 한 근본에서 싹튼 것이요, 대성(大姓)이 번창하여 온 구역(區域)에 두루 퍼져 있으나 그 처음은 한 사람의 몸에서 나온 것이다. 우리 종인으로서 이 족보를 보는 자들은 한 몸에서 나누어짐을 알고 또 형제와 숙질의 차례를 안다면 효제(孝悌)와 화목하려는 마음이 크게 일어날 것이니 풍속이 아름다워지고 정치가 높아지는 방법이 저절로 이룩될 것이다. 어찌 온 종중의 훌륭한 일이 아니겠는가. 이를 힘쓰고 게을리 하지 말지어다.

숭정(崇禎) 기원후 네 번째 무진(戊辰 : 1868)년 가을에
후손(後孫) 통정대부 자산부사 기영(驥泳)은 삼가 쓰다

순흥안씨(順興安氏)

## 병오보 서문(丙午譜序文)

가정(嘉靖) 병오년(1546)은 즉 우리 안씨(安氏)가 처음으로 족보(族譜)를 수정한 해였는데, 지금의 수보(修譜)도 우연히 같은 해가 합치되었으니 장차 감응(感應)의 이치가 있는 것일까?

가만히 생각하니 족보(族譜)라는 것은 조상을 존숭(尊崇)하고 종족(宗族)과 서회(敍懷)하는 것이다. 조상을 존숭(尊崇)한다면 가히 이어받은 규범(規範)을 알 수가 있고, 종족(宗族)들과 서회한다면 마땅히 친목(親睦)하고 두터운 우의(友誼)가 있으리라. 시경(詩經)의 "너의 조상(祖上)을 생각함이 없을쏘냐? 마침내 그 덕(德)을 닦아라"라는 말과 서경(書經)의 "능히 높은 덕을 밝혀야 구족(九族)과 친(親)하리라"라는 말도 족보에서 벗어나지 않은즉, 그 도(道)가 여기에 있나니 감히 공경(恭敬)하지 않을 것이며 감히 소중하게 여기지 않으랴?

순흥안씨는 삼파(三派)가 있으니 비조(鼻祖: 시조)는 고려의 상호군공(上護軍公: 휘 자미)이시고, 세 아드님이 있었으니 장남은 밀직부사(密直副使)이신 휘 영유(永儒)인데 손자인 회헌(晦軒) 문성공(文成公)을 두셨으니 이 분이 제일파(第一派)가 되신다. 차남은 신기별장(神騎別將)이신 휘 영린(永麟)인데 증손(增損) 문의공(文懿公) 휘 문개(文凱)를 두셨으니 이 분이 제이파(第二派)되시며, 삼남은 휘 영화(永和)니 증손(曾孫)에 밀직제학(密直提學) 휘 석(碩)을 두셨는데 석(碩)은 아들에 문정공(文貞公) 휘 축(軸)과 문경공(文敬公) 휘 보(輔)를 두셨으니 이 분이 제삼파(第三派)가 되신다.

사문(斯文: 유학)을 흥기(興起)하고 도맥(道脈)을 계승하여 열어주신 분은 문성공(文成公)이시고 공훈(功勳)이 종묘(宗廟)에 있으며, 오륜(五倫)과 삼강(三綱)을 부지(扶持)하여 심으신 분은 문의공(文懿公)이시며, 문장(文章)과 학행(學行)으로 이름이 중화(中華)와 이적(夷狄)에까지 진동하였던 분은 문정공(文貞公)과 문경공(文敬公)이시니, 우리 동방에 도학(道學)과 절의(節義)와 문장(文章)이 전대(前代)에 탁월하였던 것은 그 명확한 안건이로다. 뿌리가 깊은 것은 가지가 무성하고 근원이 깊은 것은 파류(派流)가 기나니 그로 하여금 우리 안씨의 종족(宗族)들이 번창하였음은 거의 틀림없으리라.

삼파(參派)의 자손들이 이미 동보(同譜)를 하였으나 지난 신축(辛丑 : 1901)년에는 경향(京鄕)의 여러 종족들이 대동보를 합쳐서 할 의사(意思)를 가지고 보청(譜聽)을 경향(京鄕)에 설치하였으나 종중(宗中)의 의논이 일치되지 않아 되돌아서 또 파(罷)하였기 때문에 김제의 문중으로부터 파보(派譜)의 논의가 있었으니 이것은 부득이함에서 나온 것이다. 즉 대동보를 하려고 세월을 끌며 지연하는 것보다는 파보로 간략하고 쉽게 마칠 수 있도록 하며, 또한 파(派)로 나뉘고 가지가 구별되어 각자 그 계파(系派)끼리 족보를 하는 것을 큰 종족은 반드시 면하기 어려운 것이다.

이 족보는 문의공(文懿公)으로서 중조(中祖)를 삼았으니 문의공(文懿公)의 후손이 특별히 현달하여 수립하였음이 족보에 끊임없이 쓰여져 있다. 세상이 잘 다스려질 때면 소윤공(小尹公)과 체찰사공(體察使公)의 무성하고 깊은 공로가 있었고, 세상이 어지러울 때에는 찬성공(贊成公)과 절도사공(節度使)과 반매당(伴梅堂)의 여러 분들의 붓을 잡음이 있었으며, 석학(碩學)과 고관(高官)이 계속하여 실추되지 않았다. 혹은 유문(儒門)에 종사하여 울창하게홍유(弘儒)가 되기도 하였고, 혹은 효자(孝子)와 열녀(烈女)로서 집에 정려(旌閭)를 표하여 전해가면서 가법(家法)을 삼았으니, 모두가 이 족보의 실적(實蹟)인 것이다.

순흥안씨(順興安氏)

　　비록 넓게 반포(頒布)하여 오래도록 전하는 것이 반드시 좋은 계획이 아닌 것은 아니지만, 전에 합보하였던 자가 지금은 나뉘어졌으니 어찌 쓰리고 유감(遺憾)됨이 그 사이에 없을 수 있겠느냐? 우리 안씨의 족보가 병오(丙午:1546)년으로부터 임술(壬戌:1862)년에 이르기까지 무릇 일곱 번을 수보하였으며 지금 임술년과의 거리가 오십년이 내려왔으니, 이름은 붙어 있으나 몸은 생존한 자가 거의 없고 늦게 태어나 기록되지 못한 자가 많으니 번성하게 불어난 후손을 하는 수 없이 잇따라서 기록하여야 하였다. 때문에 김제 승주동(乘舟洞) 묘각(墓閣)에 보청(譜廳)을 설치하여 5개월이 지나서 공(功)을 마쳤음을 고(告)하게 되었는데, 여러 군자(君子)분들이 말하기를, 흠묵(欽默)이 교정보는 임원으로 있었다고 해서 서문(序文)을 지으라고 부탁하기에 여러 번 사양하였으나 되지 않아 간략하게 처음부터 끝까지의 내용을 펼쳤으며 보고 느꼈던 것을 기록하였다.

　　　　　　　　　병오(丙午:1906) 윤4월　　일(日)에
　　　　　　　후손(後孫) 흠묵(欽默)은 삼가 서문을 씀

순흥안씨(順興安氏)

# 세계(世系)와 항렬(行列)

## 세계도(世系圖)

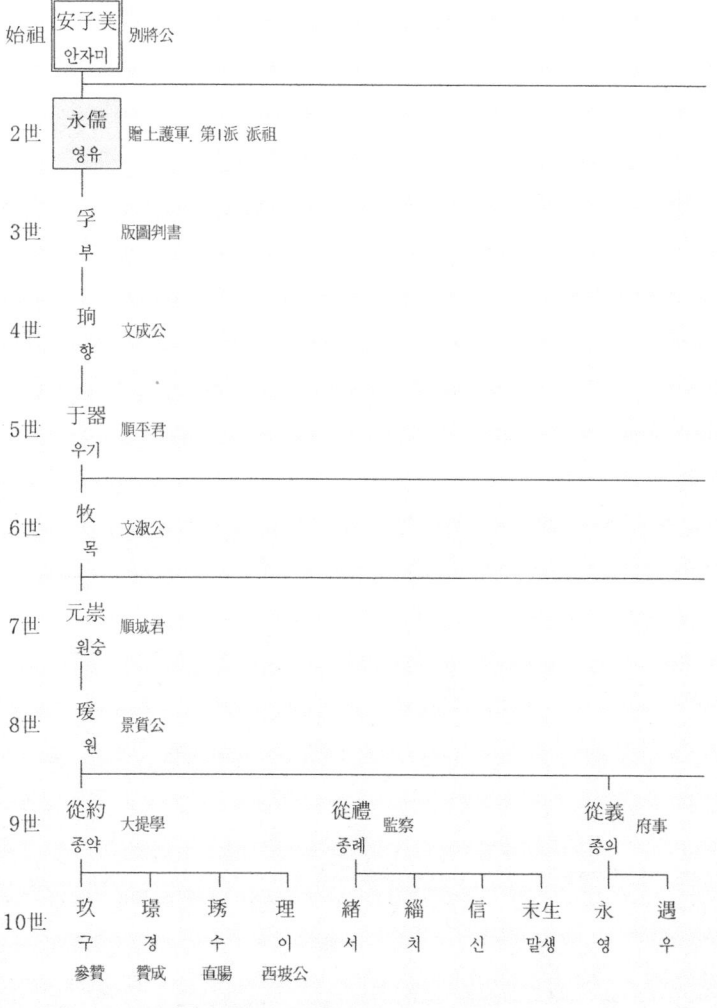

순흥안씨(順興安氏)

始祖

2世

3世

4世

5世

6世

7世

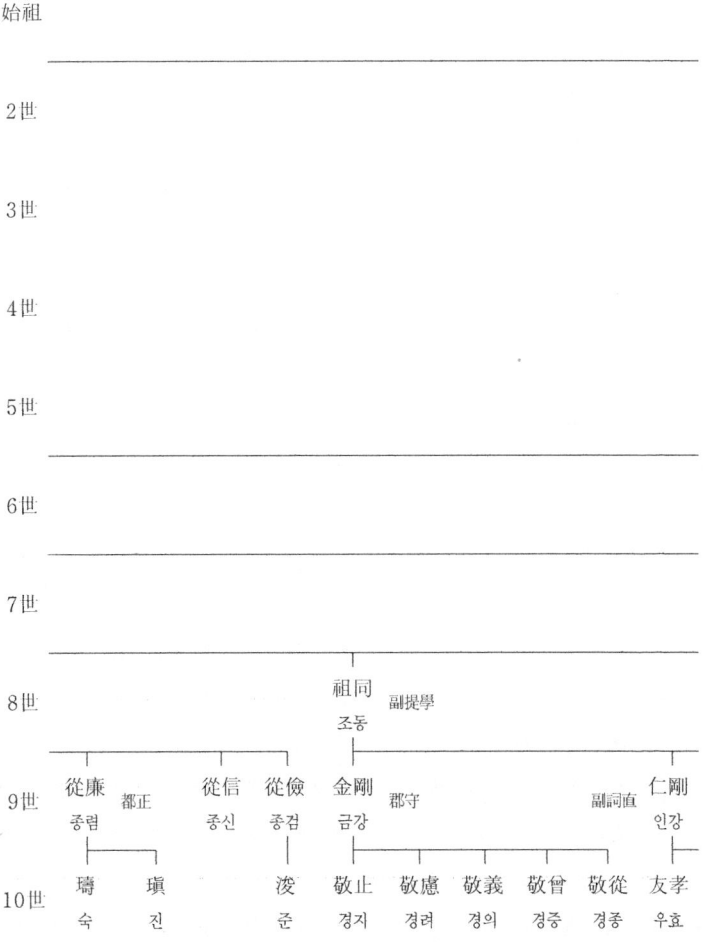

순흥안씨(順興安氏)

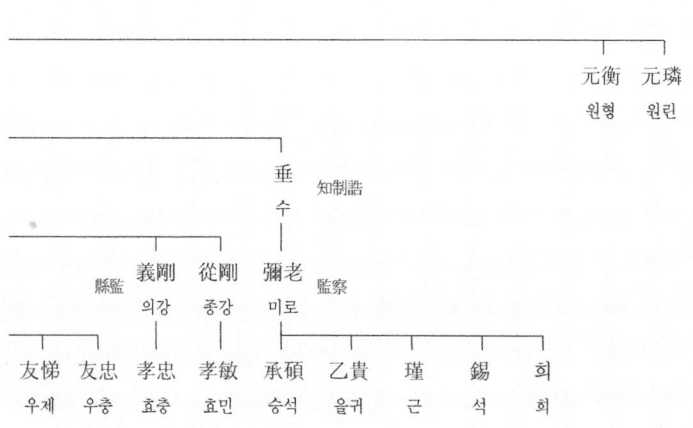

순흥안씨(順興安氏)

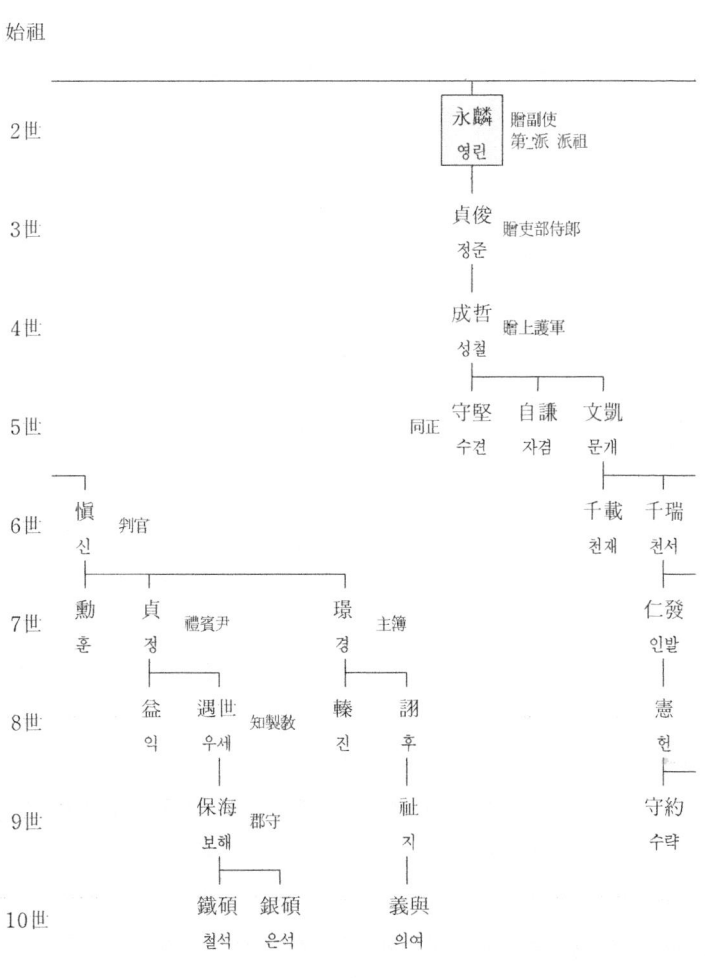

순흥안씨(順興安氏)

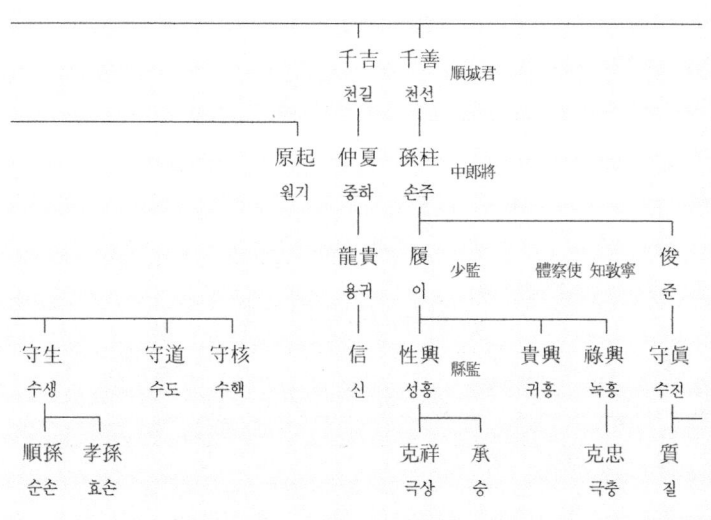

순흥안씨(順興安氏)

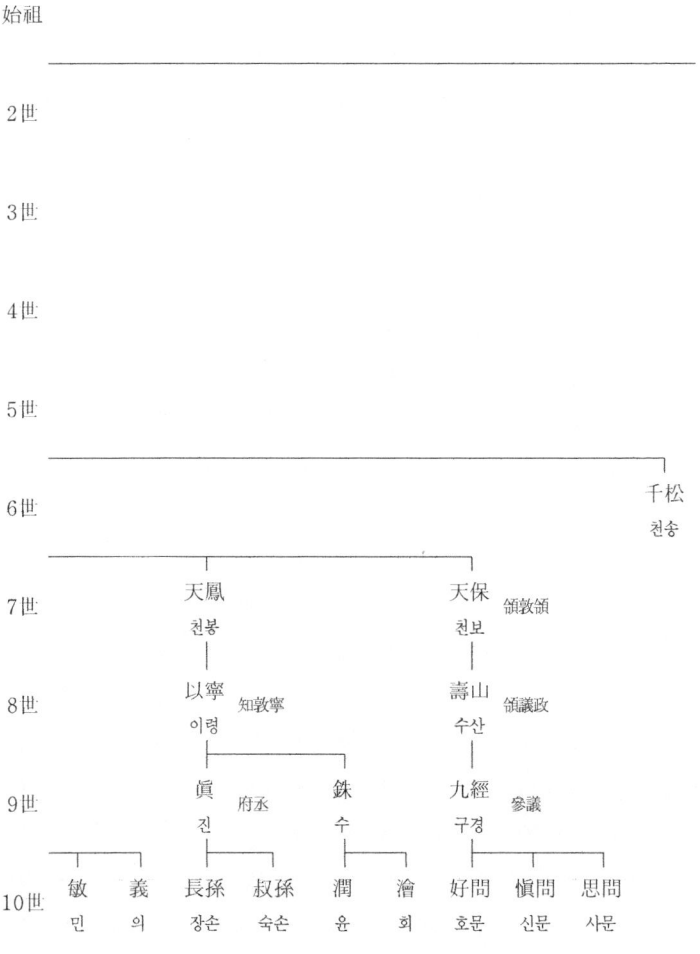

순흥안씨(順興安氏)

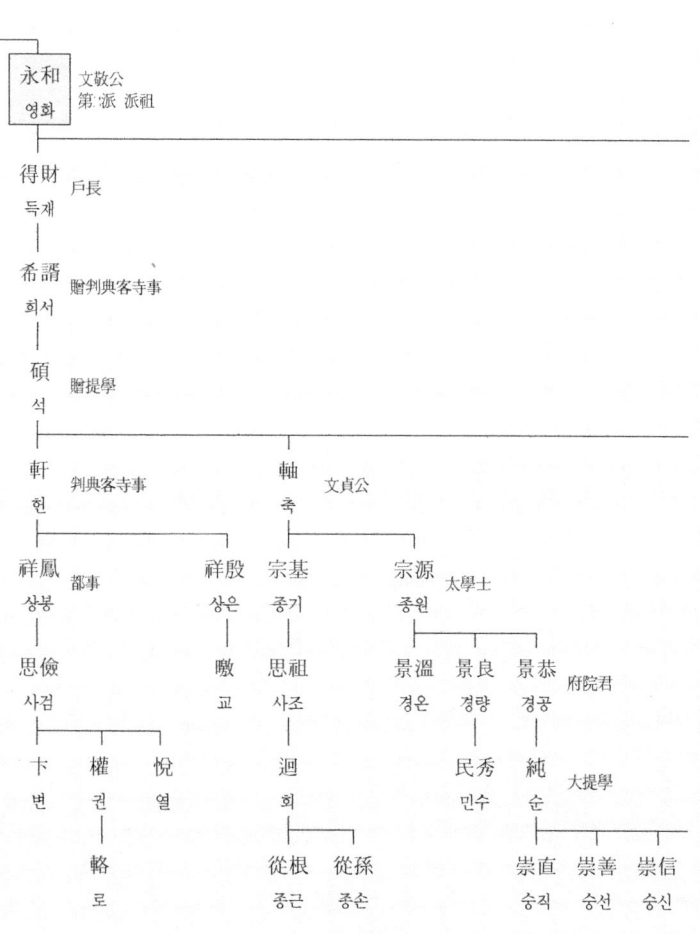

순흥안씨(順興安氏)

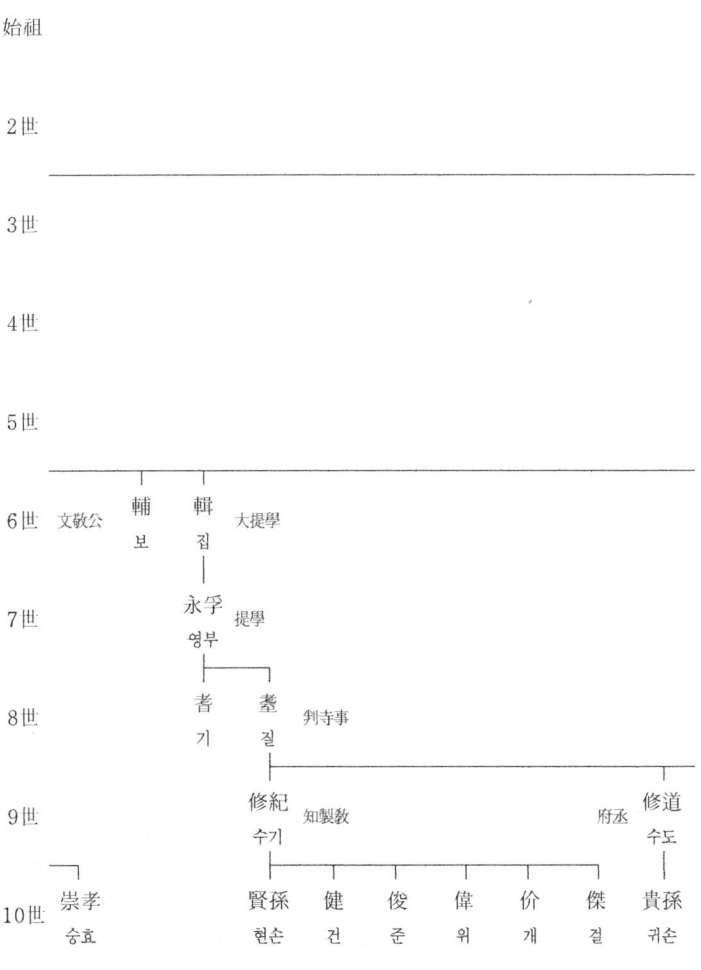

순흥안씨(順興安氏)

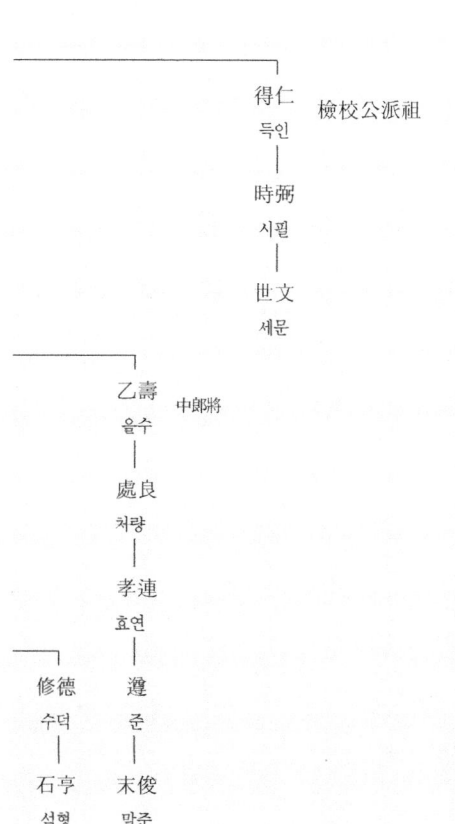

得仁 檢校公派祖
득인
│
時弼
시필
│
世文
세문
│
乙壽 中郎將
을수
│
處良
처량
│
孝連
효연
│
修德　　遵
수덕　　준
│　　　│
石亨　　末俊
석형　　말준

순흥안씨(順興安氏)

## 주요 계파(系派) 일람표

### 일파(一派)의 계파

| 1파 | 계파명 | 파조명 | 세(世) | 참고사항 |
|---|---|---|---|---|
| 1 | 참찬공파<br>(參贊公派) | 구(玖) | 10세 | ○판서공(安從約)의 장남<br>○문과 합격<br>○예문관대제학 증직 |
| 2 | 찬성공파<br>(贊成公派) | 경(璟) | 10세 | ○판서공(安從約)의 차남<br>○아들 5명이 모두 문과 합격<br>○예문관대제학 증직 |
| 3 | 직장공파<br>(直長公派) | 수(琇) | 10세 | ○판서공(安從約)의 3남<br>○군자감직장<br>○학행이 당세의 명유(名儒) |
| 4 | 서파공파<br>(西坡公派) | 리(理) | 10세 | ○판서공(安從約)의 4남<br>○예천군수<br>○두문독서(杜門讀書) |
| 5 | 감찰공파<br>(監察公派) | 종례<br>(從禮) | 9세 | ○경질공(安瑗)의 차남<br>○양주목사 |
| 6 | 첨추공파<br>(僉樞公派) | 종의<br>(從義) | 9세 | ○경질공(安瑗)의 3남<br>○첨지중추부사 |
| 7 | 도정공파<br>(都正公派) | 종렴<br>(從廉) | 9세 | ○경질공(安瑗)의 4남<br>○도정 |
| 8 | 참판공파<br>(參判公派) | 종신<br>(從信) | 9세 | ○경질공(安瑗)의 5남<br>○가선대부 병조참판 추증 |
| 9 | 참의공파<br>(參議公派) | 종검<br>(從儉) | 9세 | ○경질공(安瑗)의 6남<br>○통정대부 참의 |

순흥안씨(順興安氏)

| 1파 | 계파명 | 파조명 | 세(世) | 참고사항 |
|---|---|---|---|---|
| 10 | 부제학공파<br>(副提學公派) | 조동<br>(祖同) | 8세 | ○문혜공(安元崇)의 차남<br>○문과 급제, 예문관부제학<br>○도덕 학문이 회헌선조와 같다 하여 왕이 조동이라 사명(賜名)<br>○시호 양공공(良恭公) |
| 11 | 한림공파<br>(翰林公派) | 수<br>(垂) | 8세 | ○문혜공(安元崇)의 3남<br>○문과 급제<br>○한림지제고 |
| 12 | 죽성군파<br>(竹城君派) | 원형<br>(元衡) | 7세 | ○문숙공(安牧)의 차남<br>○문과 급제<br>○정당문학, 벽상삼한삼중대광, 공신<br>○봉군 죽성군(신죽산안씨의 시조) |
| 13 | 탐진군파<br>(耽津君派) | 원린<br>(元璘) | 7세 | ○문숙공(安牧)의 3남<br>○문과 급제<br>○정당문학, 검교중추부사<br>○봉군 탐진군(탐진안씨의 시조) |
| 14 | 판관공파<br>(判官公派) | 신<br>(愼) | 7세 | ○문순공(安于器)의 차남<br>○우사의대부 노부도감판관 |

제1파의 파조는 시조 안자미의 첫째 아들인 추밀원부사(樞密院副使) 안영유(安永儒)이다. 묘소는 경북 영풍군 부석면 감곡리에 있고, 재실은 영모암인데, 순흥안씨 선조의 묘소로서는 가장 오래된 묘소이다.

1파는 다시 14개 파로 나뉘는데, 참찬공파, 찬성공파, 직장공파, 서파공파, 감찰공파, 첨추공파, 도정공파, 참판공파, 참의공파, 부제학공파, 한림공파, 죽성군파, 탐진군파, 판관공파 등이다.

순흥안씨(順興安氏)

## 이파(二派)의 계파

| 2파 | 계파명 | 파조명 | 세(世) | 참고사항 |
|---|---|---|---|---|
| 1 | 안원군파<br>(安原君派) | 처<br>(處) | 8세 | ○안원기(安原起)의 아들<br>○이조판서<br>○봉군 안원군<br>○청백록에 기록됨 |
| 2 | 충정공파<br>(忠靖公派) | 준<br>(俊) | 8세 | ○경혜공(安孫柱)의 차남<br>○경상, 충청, 전라도 체찰사<br>○시호 충정공 |
| 3 | 의랑공파<br>(議郞公派) | 천봉<br>(天鳳) | 7세 | ○양정공(安千善)의 차남<br>○예부의랑 |
| 4 | 소의공파<br>(昭懿公派) | 천보<br>(天保) | 7세 | ○양정공(安千善)의 3남<br>○광록대부 및 좌의정<br>○세종대왕의 왕후인 소헌왕후의 외조부 |

　제2파의 파조는 시조의 둘째 아들 안영린(安永麟)으로 신기별장(神騎別將)을 지내고 밀직부사(密直副使)로 추봉되었으며, 묘소는 실전되어 지금은 순흥의 순흥안씨 추원단에 단을 모시고 있다.

　2파는 4개 파로 다시 나뉘는데, 안원군파, 충정공파, 의랑공파, 소이공파이다.

　별장공 안영린의 후손은 5세에 이르러 크게 번성하는데, 순흥부원군에 봉군된 문의공(文懿公) 안문개(安文凱)에 이어 6세에 와서 양정공 안천선의 세 아들이 모두 크게 번성하여 분파하니, 둘째 아들 안천봉은 의랑공파조, 셋째 아들 안천보는 소의공파로 분파되었고, 다시 8세에 이르러 안원군파 안처와 충정공파 안준으로 나누어진다.

## 삼파(三派)의 계파

| 3파 | 계파명 | 파조명 | 세(世) | 참고사항 |
|---|---|---|---|---|
| 1 | 문정공파<br>(文貞公派) | 축<br>(軸) | 6세 | ○제학공(安碩)의 차남<br>○문과, 원조문과 합격<br>○정당문학 영춘추관사<br>○흥녕부원군<br>○소수서원 배향 |
| 2 | 좨주공파<br>(祭酒公派) | 집<br>(輯) | 6세 | ○제학공(安碩)의 4남<br>○예문관대제학<br>○성균관 좨주<br>○봉군 순흥군 |
| 3 | 중랑장공파<br>(中郎將公派) | 을수<br>(乙壽) | 6세 | ○제학공(安碩)의 5남<br>○중랑장 |
| 4 | 검교공파<br>(檢校公派) | 득인<br>(得仁) | 3세 | ○전리정랑공(安永和)의 차남<br>○검교대장군 |

제3파의 파조는 시조의 셋째 아들인 교서랑공(校書郎公) 안영화(安永和)로 후에 전리정랑으로 추봉되었고, 묘소는 실전되어 순흥의 추원단에 단을 모시고 있다.

3파는 다시 4개 파로 나뉘는데, 문정공파, 좨주공파, 중랑장공파, 검교공파이다. 안영화의 두 아들이 번성하여 차자인 안득인은 검교공 파조가 되었고, 장남 안득재의 손자인 밀직제학공(密直提學公)의 다섯 아들이 모두 번성하였다. 관동별곡, 죽계별곡을 저술한 문정공 안축(安軸)은 문정공 파조가 되었고, 4자인 안집(安輯)은 좨주공 파조(祭酒公派祖), 5자인 안을수(安乙壽)는 중랑장공 파조(中郎將公派祖)가 되었다.

순흥안씨(順興安氏)

## 항렬표(行列表)

### 일파(一派)

| 세 | 항렬자 | 세 | 항렬자 |
|---|---|---|---|
| 24 | ○烈(열)·○燮(섭)·○煥(환) | 35 | 孝(효)○·圭(규)○ |
| 25 | 敎(교)○·致(치)○ | 36 | ○澤(택)·○泳(영)·○鉉(현) |
| 26 | ○鎬(호)·○鎔(용) | 37 | 源(원)○ |
| 27 | 承(승)○·洙(수)○ | 38 | 榮(영)○ |
| 28 | ○榮(영)·○模(모) | 39 | ○炯(형) |
| 29 | 熙(희)○·柄(병)○ | 40 | ○宰(재) |
| 30 | ○均(균)·○基(기) | 41 | 錫(석)○ |
| 31 | 鍾(종)○·商(상)○·○銖(수) | 42 | ○淳(순) |
| 32 | ○求(구)·○泰(태) | 43 | ○愼(신) |
| 33 | 秀(수)○·相(상)○ | 44 | ○爀(혁) |
| 34 | ○燮(섭)·○憙(주) | 45 | 喆(철)○ |

순흥안씨(順興安氏)

## 이파(二派)

| 세 | 항렬자 | 세 | 항렬자 | 세 | 항렬자 |
|---|---|---|---|---|---|
| 24 | ○慶(경) | 25 | 在(재)○ | 26 | ○鎭(진) |
| 27 | 泳(영)○ | 28 | ○植(식) | 29 | 熙(희)○ |
| 30 | ○基(기) | 31 | 鍾(종)○ | 32 | ○泰(태) |

| 세 | 항렬자 | 세 | 항렬자 | 세 | 항렬자 |
|---|---|---|---|---|---|
| 33 | 岐(기)○·晢(절)○ | 34 | ○燮(섭) | 35 | 圭(규)○ |
| 36 | ○鍵(건) | 37 | ○浩(호) | 38 | 柱(주)○ |
| 39 | ○勳(훈) | 40 | ○墩(돈) | 41 | 鑽(찬)○ |
| 42 | ○淑(숙) | 43 | ○根(근) | 44 | 燦(찬)○ |
| 45 | 達(달)○ | | | | |

순흥안씨(順興安氏)

삼파(三派) : 文肅公派 · 大司憲公派 · 檢校公派

| 세 | 항렬자 | 세 | 항렬자 | 세 | 항렬자 |
|---|---|---|---|---|---|
| 24 | ○烈(열) | 25 | ○中(중) | 26 | 商(상)○·○商(상) |
| 27 | ○濬(준) | 28 | 秉(병)○ | 29 | 光(광)○ |
| 30 | 致(치)○ | 31 | ○鎭(진)·○錄(록) | 32 | ○澈(철) |
| 33 | 東(동)○ | 34 | ○默(묵) | 35 | 載(재)○ |
| 36 | ○鏞(용) | 37 | 洛(락)○ | 38 | ○采(채) |
| 39 | ○炫(현) | 40 | ○培(배) | 41 | 鈺(옥)○ |
| 42 | ○海(해) | 43 | ○相(상) | 44 | ○杰(걸) |
| 45 | ○遠(원) | 46 | ○鈞(균) | 47 | 泙(평)○ |
| 48 | ○梓(재) | 49 | 炅(경)○ | 50 | ○圻(기) |
| 51 | 銓(전)○ | 52 | ○沃(옥) | 53 | 桂(계)○ |
| 54 | ○上(상) | 55 | 壯(장)○ | 56 | 九(구)○ |
| 57 | 洙(수)○ | 58 | ○直(직) | 59 | 昇(승)○ |
| 60 | ○五(오) | | | | |

## 삼파(三派) : 少尹公派

| 세 | 항렬자 | 세 | 항렬자 |
|---|---|---|---|
| 24 | ○爔(흠) | 41 | 桂(계)○·杉(삼)○·柱(주) |
| 25 | 聖(성)○ | 42 | ○煥(환)·○炳(병)·煜(욱)○ |
| 26 | ○範(범) | 43 | 致(치)○·培(배)○·垠(은) |
| 27 | 國(국)○ | 44 | ○商(상)·○鍵(건)·鍾(종)○ |
| 28 | ○善(선) | 45 | ○求(구)·○汶(문)·澈(철) |
| 29 | 鎔(용)○ | 46 | 梓(재)○·楨(정)○·○模(모) |
| 30 | ○源(원) | 47 | 炯(형)○·熏(훈)·○烋(휴) |
| 31 | 柄(병)○·相(상)○·○秀(수) | 48 | ○喆(철)·載(재)○·垂(수) |
| 32 | ○烈(열)·○光(광)·壽(수) | 49 | ○鈺(옥)·銖(수)○·○鍊(연) |
| 33 | 基(기)○·孝(효)○·○堯(요) | 50 | ○淳(순)·○洪(홍)·涉(섭) |
| 34 | ○錫(석)·○鎬(호)·○鉉(현) | 51 | 秉(병)○·晢(절)○·○根(근) |
| 35 | 泰(태)○·○淵(연)·○沆(항) | 52 | ○燮(섭)·晃(황)○·○晧(호) |
| 36 | ○極(극)·○杓(표)·○杰(걸) | 53 | 埴(식)○·○中(중)·○達(달) |
| 37 | ○熙(희)·昇(승)○·昊(호)○ | 54 | 鐵(철)○·○錄(록)·○鎰(일) |
| 38 | 在(재)○·○圭(규)·○坤(곤) | 55 | 準(준)○·海(해)○·○淑(숙) |
| 39 | ○鎭(진)·○銓(전)·○欽(흠) | 56 | ○植(식)·○栢(백)·椿(춘)○ |
| 40 | ○濬(준)·○洙(수)·永(영)○ | 57 | ○昌(창)·景(경)○·○明(명) |

순흥안씨(順興安氏)

삼파(三派) : 祭酒公派

| 세 | 항 렬 자 | 세 | 항 렬 자 |
|---|---|---|---|
| 24 | ○煥(환) | 41 | 桂(계)○·杉(삼)○·○柱(주) |
| 25 | 致(치)○ | 42 | ○煥(환)·○炳(병)·煜(욱)○ |
| 26 | ○鎭(진) | 43 | 致(치)○·培(배)○·○垠(은) |
| 27 | 注(주)○ | 44 | ○商(상)·○鍵(건)·鍾(종)○ |
| 28 | ○春(춘) | 45 | ○求(구)·○汶(문)·澈(철)○ |
| 29 | 思(사)○ | 46 | 梓(재)○·楨(정)○·○模(모) |
| 30 | ○基(기) | 47 | 炯(형)○·○熏(훈)·○烋(휴) |
| 31 | 鍾(종)○ | 48 | ○喆(철)·載(재)○·垂(수)○ |
| 32 | ○求(구) | 49 | ○鈺(옥)·銖(수)○·○鍊(연) |
| 33 | 東(동)○ | 50 | ○淳(순)·○洪(홍)·涉(섭)○ |
| 34 | ○燮() | 51 | 秉(병)○·晢(절)○·○根(근) |
| 35 | 在○(○) | 52 | ○燮(섭)·晃(황)·○晧(호) |
| 36 | ○極(극)·○杓(표)·○杰(걸) | 53 | 埴(식)○·○中(중)·○達(달) |
| 37 | ○熙(희)·昇(승)○·昊(호)○ | 54 | 鐵(철)○·○錄(록)·鎰(일) |
| 38 | 在(재)○·○圭(규)·○坤(곤) | 55 | 準(준)○·海(해)○·○淑(숙) |
| 39 | ○鎭(진)·○銓(전)·○欽(흠) | 56 | ○植(식)·○栢(백)·椿(춘) |
| 40 | ○濬(준)·○洙(수)·永(영)○ | 57 | ○昌(창)·景(경)·○明(명) |

# 문벌록(門閥錄)

시호(諡號)

◎ 문자시호(文字諡號)

| | |
|---|---|
| 안 향(安 珦) | 문성(文成) |
| 안천기(安千器) | 문순(文順) |
| 안문개(安文凱) | 문의(文懿) |
| 안 석(安 碩) | 문경(文敬) |
| 안 목(安 牧) | 문숙(文淑) |
| 안 축(安 軸) | 문정(文貞) |
| 안 보(安 輔) | 문경(文敬) |
| 안원숭(安元崇) | 문혜(文惠) |
| 안원형(安元衡) | 문혜(文惠) |
| 안원린(安元僯) | 문열(文烈) |
| 안종원(安宗源) | 문간(文簡) |
| 안 면(安 勉) | 문정(文靖) |
| 안 우(安 祐) | 문충(文忠) |
| 안숭선(安崇善) | 문숙(文肅) |
| 안 지(安 止) | 문정(文靖) |
| 안 위(安 瑋) | 문희(文僖) |
| 안 현(安 玹) | 문간(文簡) |
| 안방준(安邦俊) | 문강(文康) |

순흥안씨(順興安氏)

## ◎ 문외시호(文外說號)

| | |
|---|---|
| 안천선(安千善) | 양정(良定) |
| 안손주(安孫柱) | 경덕(景德) |
| 안천보(安天保) | 소천(昭懲) |
| 안 원(安 瑗) | 경질(景質) |
| 안조동(安祖同) | 양공(良恭) |
| 안 준(安 俊) | 충정(忠靖) |
| 안수산(安壽山) | 소간(昭簡) |
| 안경공(安景恭) | 양도(良度) |
| 안 순(安 純) | 정숙(靖肅) |
| 안 승(安 勝) | 탁경(卓景) |
| 안 침(安 琛) | 공평(恭平) |
| 안 당(安 瑭) | 정민(貞愍) |
| 안치화(安致和) | 소절(昭節) |
| 안홍국(安弘國) | 충현(忠顯) |
| 안몽상(安夢詳) | 충익(忠翼) |

## 봉군(封君)

| | |
|---|---|
| 안천기(安千器) | 순평군(順平君) |
| 안문개(安文凱) | 흥녕부원군(興寧府院君) |
| 안 목(安 牧) | 순흥군(順興君) |
| 안천선(安千善) | 순성군(順成君) |
| 안 축(安 軸) | 흥녕부원군(興寧府院君) |
| 안 집(安 輯) | 순흥군(順興君) |
| 안원숭(安元崇) | 순성군(順城君) |
| 안원형(安元衡) | 죽성군(竹城君) |

순흥안씨(順興安氏)

| | |
|---|---|
| 안원린(安元憐) | 탐진군(耽律君) |
| 안손주(安孫柱) | 순성군(順城君) |
| 안종원(安宗源) | 흥녕부원군(興寧府院君) |
| 안 우(安 祐) | 오성군(鰲城君) |
| 안 처(安 處) | 안원군(安原君) |
| 안경공(安景恭) | 흥녕부원군(興寧府院君) |
| 안숭직(安崇直) | 영원군(寧原君) |
| 안숭효(安崇孝) | 안천군(安川君) |
| 안세준(安世俊) | 순계군(順溪君) |
| 안몽윤(安夢尹) | 순양군(順陽君) |
| 안응창(安應昌) | 순원군(順原君) |

## 상신(相臣)

| | |
|---|---|
| 안 당(安 瑭) | 중종조, 좌의정(左議政) |
| 안 현(安 玹) | 영종조, 좌의정(左議政) |

## 공신(功臣)

| | |
|---|---|
| 안경공(安景恭) | 조조, 개국3등공신(開國三等功臣) |
| 안 당(安 瑭) | 중종조, 정난3등공신(定難三等功臣) |
| 안몽윤(安夢尹) | 인조조, 이괄란토평3등공신(李适亂討平三等功臣) |

## 문형(文衡)

| | |
|---|---|
| 안 향(安 珦) | 수문전태학사(修文殿太學士) |

순흥안씨(順興安氏)

| | |
|---|---|
| 안문개(安文凱) | 예문관태학사(藝文館太學士) |
| 안 목(安 牧) | 진현관대제학(進賢冠大提學) |
| 안 축(安 軸) | 우문관대제학(右文館大提學) |
| 안 축(安 輔) | 예문관대제학(藝文館大提學) |
| 안 집(安 輯) | 보문관대제학(寶文館大提學) |
| 안원숭(安元崇) | 예문관대제학(藝文館大提學) |
| 안종원(安宗源) | 집현전대제학(集賢殿大提學) |
| 안경공(安景恭) | 집현전대제학(集賢殿大提學) |
| 안종약(安從約) | 예문관대제학(藝文館大提學) |
| 안노생(安魯生) | 집현전대제학(集賢殿大提學) |
| 안 순(安 純) | 문관대제학(修文館大提學) |
| 안 구(安 玖) | 예문관대제학(藝文館大提學) |
| 안숭선(安崇善) | 예문관대제학(藝文館大提學) |
| 안지귀(安知歸) | 예문관대제학(藝文館大提學) |
| 안 지(安 止) | 집현전대제학(集賢殿大提學) |
| 안종도(安宗道) | 예문관대제학(藝文館大提學) |

**청백리(淸白吏)**

| | |
|---|---|
| 안 현(安 玹) | 명종조 |
| 안 잠(安 潛) | 명종조 |
| 안처겸(安處謙) | 중종조 |
| 안 침(安 琛) | 선조조 |
| 안자유(安自裕) | 선조조 |

순흥안씨(順興安氏)

## 장신(將臣)

안 철(安 澈)　　　　효종조, 어영대장(御營大將)

## 문과방목(文科榜目)

◎ 고려조

| | |
|---|---|
| 안 향(安 珦) | 원종조 |
| 안 축(安 軸) | 원종조 |
| 안우기(安于器) | 충렬왕조 |
| 안 전(安 甸) | 충렬왕조 |
| 안성계(安成桂) | 충렬왕조 |
| 안 축(安 軸) | 충선왕조 |
| 안 목(安 牧) | 충숙왕조 |
| 안 보(安 輔) | 충숙왕조 |
| 안종원(安宗源) | 충혜왕조 |
| 안경온(安景溫) | 공민왕조 |
| 안 수(安 垂) | 공민왕조 |
| 안경량(安景良) | 공민왕조 |
| 안경공(安景恭) | 우왕조 |
| 안조동(安祖同) | 우왕조 |
| 안종약(安從約) | 창왕조 |
| 안 순(安 純) | 창왕조 |

◎ 조선조

안 구(安 玖)　　식년시(式年試), 동진사(同進士) 1위

순흥안씨(順興安氏)

| | | |
|---|---|---|
| 안수기(安脩己) | 식년시(式年試), 동진사(同進士) 9위 |
| 안숭선(安崇善) | 1392, 식년시(式年試) 을과(乙科) 1위 장원(壯元) |
| 안 질(安 質) | 식년시(式年試) 동진사(同進士) 9위 |
| 안지귀(安知歸) | 식년시(式年試) 동진사(同進士) 16위 |
| 안관후(安寬厚) | 1417, 식년시(式年試) 정과(丁科) 21위 |
| 안중후(安重厚) | 친시(親試) 정과(丁科) 3위 |
| 안근후(安謹厚) | 평양별시(平壤別試) 삼등(三等) 9위 |
| 안돈후(安敦厚) | 평양별시(平壤別試) 삼등(三等) 11위 |
| 안 호(安 瑚) | 1437, 고성춘시(高城春試) 일등(一等) 2위 |
| 안 침(安 琛) | 1445, 고성춘시(高城春試) 이등(二等) 3위 |
| 안 임(安 琳) | 춘당대시(春塘臺試) 을과(乙科) 3위 |
| 안 당(安 瑭) | 1461, 친시(親試) 병과(丙科) 2위 |
| 안만철(安萬哲) | 별시(別試) 병과(丙科) 1위 |
| 안 기(安 璣) | 1451, 별시(別試) 병과(丙科) 6위 |
| 안처선(安處善) | 별시(別試) 을과(乙科) 1위 |
| 안처성(安處誠) | 1477, 식년시(式年試) 병과(丙科) 21위 |
| 안수량(安秀良) | 식년시(式年試) 병과(丙科) 15위 |
| 안처순(安處順) | 1492, 별시(別試) 병과(丙科) 16위 |
| 안처근(安處謹) | 1490, 현량과(賢良科) 병과(丙科) 2위 |
| 안 정(安 珽) | 1494, 현량과(賢良科) 병과(丙科) 4위 |
| 안처겸(安處謙) | 1486, 현량과(賢良科) 병과(丙科) 5위 |
| 안처함(安處諴) | 1488, 현량과(賢良科) 병과(丙科) 10위 |
| 안 현(安 玹) | 1501, 별시(別試) 을과(乙科) 2위 |
| 안 위(安 瑋) | 1491, 별시(別試) 병과(丙科) 14위 |
| 안 수(安 琇) | 식년시(式年試) 병과(丙科) 16위 |
| 안수량(安秀良) | 중시(重試) 을과(乙科) 1위 |
| 안여지(安汝止) | 식년시(式年試) 병과(丙科) 14위 |

| | | |
|---|---|---|
| 안공신(安公信) | 식년시(式年試) 을과(乙科) 1위 | |
| 안 함(安 馠) | 1504, 별시(別試) 병과(丙科) 5위 | |
| 안명세(安名世) | 1518, 별시(別試) 병과(丙科) 12위 | |
| 안 수(安 璲) | 1521, 식년시(式年試) 병과(丙科) 6위 | |
| 안 해(安 海) | 식년시(式年試) 병과(丙科) 26위 | |
| 안종도(安宗道) | 1522, 식년시(式年試) 병과(丙科) 23위 | |
| 안자유(安自裕) | 1516, 별시(別試) 병과(丙科) 1위 | |
| 안공신(安公信) | 중시(重試) 병과(丙科) 1위 | |
| 안 관(安 寬) | 1530, 식년시(式年試) 병과(丙科) 8위 | |
| 안경빈(安敬賓) | 1528, 식년시(式年試) 병과(丙科) 10위 | |
| 안 지(安 祉) | 1522, 정시(庭試) 병과(丙科) 3위 | |
| 안 전(安 佺) | 1534, 식년시(式年試) 병과(丙科) 3위 | |
| 안 제(安 霽) | 1538, 별시(別試) 병과(丙科) 17위 | |
| 안 희(安 熹) | 1551, 별시(別試) 병과(丙科) 1위 | |
| 안담수(安聃壽) | 1552, 식년시(式年試) 병과(丙科) 14위 | |
| 안 경(安 璥) | 1564, 식년시(式年試) 병과(丙科) 15위 | |
| 안 욱(安 頊) | 1581, 식년시(式年試) 병과(丙科) 8위 | |
| 안헌민(安獻民) | 1597, 별시(別試) 병과(丙科) 2위 | |
| 안명로(安命老) | 1620, 증광시(增廣試) 갑과(甲科) 2위 | |
| 안 숙(安 塾) | 1624, 정시(庭試) 병과(丙科) 1위 | |
| 안한규(安漢珪) | 1626, 별시(別試) 병과(丙科) 9위 | |
| 안 식(安 烒) | 1637, 식년시(式年試) 병과(丙科) 7위 | |
| 안 후(安 垕) | 1636, 정시(庭試) 병과(丙科) 3위 | |
| 안 규(安 圭) | 1634, 식년시(式年試) 병과(丙科) 7위 | |
| 안여악(安如岳) | 1643, 증광시(增廣試) 병과(丙科) 3위 | |
| 안건지(安健之) | 1646, 식년시(式年試) 병과(丙科) 15위 | |
| 안시상(安時相) | 1657, 알성시(謁聖試) 병과(丙科) 1위 | |

순흥안씨(順興安氏)

| | |
|---|---|
| 안연석(安鍊石) | 1662, 증광시(增廣試) 갑과(甲科) 3위 |
| 안 성(安 晟) | 1680, 식년시(式年試) 병과(丙科) 4위 |
| 안중필(安重弼) | 1659, 정시(庭試) 병과(丙科) 3위 |
| 안세갑(安世甲) | 1693, 식년시(式年試) 병과(丙科) 27위 |
| 안성시(安聖時) | 1687, 식년시(式年試) 병과(丙科) 10위 |
| 안경운(安慶運) | 1683, 정시2(庭試) 병과(丙科) 10위 |
| 안명학(安鳴鶴) | 1698, 별시(別試) 병과(丙科) 2위 |
| 안복준(安復駿) | 1698, 별시2(別試) 갑과(甲科) 1위 장원(壯元) |
| 안정인(安正仁) | 1700, 식년시(式年試) 병과(丙科) 3위 |
| 안도겸(安道謙) | 1694, 식년시(式年試) 병과(丙科) 17위 |
| 안택중(安宅重) | 1695, 증광시(增廣試) 병과(丙科) 30위 |
| 안 집(安 㒶) | 1703, 식년시(式年試) 을과(乙科) 2위 |
| 안극효(安克孝) | 1699, 식년시(式年試) 갑과(甲科) 1위 장원(壯元) |
| 안정택(安正宅) | 1710, 식년시(式年試) 병과(丙科) 21위 |
| 안관제(安寬濟) | 1717, 식년시(式年試) 병과(丙科) 8위 |
| 안이권(安以權) | 1739, 식년시(式年試) 병과(丙科) 18위 |
| 안성빈(安聖彬) | 1732, 증광시(增廣試) 병과(丙科) 34위 |
| 안정현(安廷玹) | 1730, 식년시(式年試) 병과(丙科) 8위 |
| 안중권(安中權) | 1734, 식년시(式年試) 병과(丙科) 35위 |
| 안대제(安大濟) | 1722, 정시2(庭試) 을과(乙科) 2위 |
| 안석윤(安錫胤) | 1720, 정시2(庭試) 병과(丙科) 4위 |
| 안임권(安任權) | 1749, 식년시(式年試) 병과(丙科) 22위 |
| 안 집(安 㒶) | 등준시(登俊試) 을과(乙科) 3위 |
| 안제원(安濟元) | 1749, 식년시(式年試) 갑과(甲科) 2위 |
| 안매권(安邁權) | 1758, 식년시(式年試) 을과(乙科) 2위 |
| 안봉래(安鳳來) | 1727, 식년시(式年試) 병과(丙科) 23위 |
| 안경심(安經心) | 1744, 식년시(式年試) 병과(丙科) 15위 |

## 순흥안씨(順興安氏)

| | | |
|---|---|---|
| 안중묵(安重默) | 1741, 별시(別試) 병과(丙科) 4위 | |
| 안정선(安廷善) | 1766, 식년시(式年試) 병과(丙科) 12위 | |
| 안경묵(安敬默) | 1756, 식년시(式年試) 병과(丙科) 36위 | |
| 안익겸(安益謙) | 1766, 별시(別試) 병과(丙科) 3위 | |
| 안 유(安 裕) | 1770, 식년시(式年試) 병과(丙科) 8위 | |
| 안이정(安以鼎) | 1766, 별시(別試) 병과(丙科) 36위 | |
| 안상묵(安尙默) | 1763, 별시(別試) 병과(丙科) 4위 | |
| 안형진(安亨鎭) | 1784, 식년시(式年試) 병과(丙科) 15위 | |
| 안급인(安玖仁) | 1772, 별시(別試) 을과(乙科) 1위 | |
| 안윤경(安允璟) | 1783, 식년시(式年試) 병과(丙科) 24위 | |
| 안국태(安國泰) | 1765, 정시(庭試) 병과(丙科) 6위 | |
| 안윤항(安允沆) | 1798, 식년시(式年試) 병과(丙科) 11위 | |
| 안윤중(安允中) | 1805, 식년시(式年試) 병과(丙科) 28위 | |
| 안정순(安正淳) | 1810, 정시(庭試) 병과(丙科) 2위 | |
| 안윤시(安潤蓍) | 1788, 정시(庭試) 병과(丙科) 18위 | |
| 안영풍(安永豊) | 1808, 식년시(式年試) 병과(丙科) 30위 | |
| 안국진(安國鎭) | 1802, 식년시(式年試) 병과(丙科) 24위 | |
| 안염진(安念鎭) | 1827, 식년시(式年試) 병과(丙科) 25위 | |
| 안치묵(安致默) | 1826, 증광시(增廣試) 병과(丙科) 23위 | |
| 안재린(安在麟) | 1820, 별시2(別試) 갑과(甲科) 1위 장원(壯元) | |
| 안시협(安時協) | 1811, 별시2(別試) 병과(丙科) 9위 | |
| 안교희(安敎喜) | 1824, 정시(庭試) 병과(丙科) 13위 | |
| 안익회(安益熙) | 1798, 별시(別試) 병과(丙科) 14위 | |
| 안윤정(安允鋌) | 1807, 식년시(式年試) 병과(丙科) 9위 | |
| 안기영(安驥泳) | 1819, 정시(庭試) 병과(丙科) 13위 | |
| 안익풍(安翊豊) | 1830, 식년시(式年試) 병과(丙科) 33위 | |
| 안익량(安翊良) | 1836, 정시(庭試) 병과(丙科) 5위 | |

순흥안씨(順興安氏)

| | | |
|---|---|---|
| 안병탁(安秉鐸) | 1838, 증광시(增廣試) | 병과(丙科) 8위 |
| 안종원(安鍾元) | 1848, 별시(別試) | 병과(丙科) 4위 |
| 안염신(安念信) | 1842, 식년시(式年試) | 을과(乙科) 3위 |
| 안창범(安昌範) | 1836, 별시(別試) | 병과(丙科) 5위 |
| 안종면(安鍾冕) | 1846, 증광시(增廣試) | 병과(丙科) 45위 |
| 안병건(安炳乾) | 1869 식년시(式年試) | 병과(丙科) 24위 |
| 안규식(安圭植) | 1871, 함경도도과(咸鏡道道科) | 병과(丙科) 9위 |
| 안기원(安基元) | 1877, 별시3(別試) | 병과(丙科) 12위 |
| 안형진(安衡鎭) | 1859, 식년시(式年試) | 을과(乙科) 3위 |
| 안정간(安廷侃) | 1846, 별시3(別試) | 갑과(甲科) 1위 장원(壯元) |
| 안필호(安弼鎬) | 1869, 알성시(謁聖試) | 병과(丙科) 5위 |

순흥안씨(順興安氏)

# 역대 주요 인물(歷代主要人物)

일파 인물(一派 人物)

## 안영유(安永儒)

시조 신호위(神虎衛) 상호군(上虎軍) 안자미(安子美)의 장남으로 고려 신종 4년(1201)에 태어났으며, 고종조에 추밀원부사(樞密院副使), 상호군을 각각 추봉(追封) 받았다.

고종 20년(1233) 33세에 별세하니 묘(墓)는 순흥 동북간 약 6km 지점인 부석면 감곡리(浮石面 甘谷里) 지장산(智藏山) 서록(西麓) 신좌 을향지원(辛坐乙向之原)이다. 이 묘소는 상주(喪主)인 아들 태사공(太師公) 안부(安孚)가 14세에 부친상을 당하자 상중에 유명한 지관(地官)에게서 얻은 길지(吉地)라고 전한다. 조선 명종 13년(1558)에 당시 영천군수로 재임한 후손 판결사(判決事) 안상(安瑺)이 성묘(省墓)하고 묘역을 돌아보니 타인의 투장(偸葬) 흔적이 발견되고 묘봉(墓封)도 많이 허물어진 상태여서 다시 정비한 후 석물(石物) 등 의물(儀物)을 다시 세웠다. 또한 그의 형인 병조판서(兵曹判書) 위(瑋)가 비명(碑銘)을 찬(撰)하여 각명(刻銘) 수비(竪碑)하였으며, 재실을 건립하여 영모암(永慕庵)이라 명명하고 제전(祭田)도 마련해서 제사를 올렸다. 그 후 인조 27년(1648)에 후손 순원군(順原君) 안응창(安應唱)이 묘지(墓誌)를 만들어서 묘 광남(壙南)에 묻어놓았다.

부인(夫人)은 실전(失傳)되었으나 경주박씨 족보(慶州朴氏族譜)를

순흥안씨(順興安氏)

찾아보면, '대아손 문충공(大阿飡文忠公) 인범(仁範) 후손 …… 평장사 계림군(平章事鷄林君) 충문공(忠文公) 박순(朴純) 여(女) 안영유(安永儒)'라는 기록이 남아있다.

## 안 부(安 孚)

고려 고종 7년(1220)에 출생하였다.

어려서부터 학문을 좋아하여 약관(弱冠)에 흥주(興州)의 주리(州吏)를 지냈으며, 한때 의업(醫業)에 종사하였다. 고종 31년(1244)에 문과(文科)에 급제하여 벼슬이 정의대부 밀직부사(正議大夫密直副使)를 지내고 판도판서(版圖判書)로 치사(致仕)하였으며 수태사 문하시중(守太師門下侍中)에 추봉되었다. 조선 순조 22년(1822)에 순흥의 용연사(龍淵祠)에 재향되었다.

배위는 순정군부인(順政郡夫人) 강주우씨(剛州禹氏)로 부친은 예빈시 동정(禮賓寺同正) 우성윤(禹成允)이고 조고는 우효손(禹孝孫)이며 증조는 생원(生員) 부(傅)이다. 묘소는 순흥에 있다고 하나 표지가 없어 찾지 못하였다.

매년 10월 초하루에 순흥의 평리촌(平里村)에 있는 호군공(護軍公)의 사단(祀壇)에 재향한다. 대사성(大司成)을 지낸 만랑(漫浪) 안황호가 사단기(祀壇記)를 찬하였으며, 후손인 진사(進士) 안몽백(安夢伯)이 유사(遺事)를 찬하였다.

## 안 향(安 珦)

자는 사온(士蘊), 호는 회헌(晦軒)이며 시호는 문성(文成)이다. 초명은 유(裕)였으나 뒤에 향(珦)으로 고쳤는데, 조선조에 들어와 문종의 이름자와 같아 이를 피하여 초명인 유로 다시 고쳐 부르게 되었다. 고종 30년(1243)에 태어나서 충렬왕 32년(1306)에 별세하였다. 아버지는 밀직부사 안부(安孚)이며, 어머니는 강주우씨(剛州禹氏)로 흥주(興州: 지금의 경상북도 영주군 풍기)의 죽계(竹溪) 상평리(上坪里)에서 태어났다.

원종 1년(1260) 18세로 문과에 급제한 뒤 교서랑(校書郞)이 되고, 이어 직한림원(直翰林院)으로 자리를 옮겼다. 원종 11년(1270) 28세 때는 삼별초의 난을 당해 강화에 억류되는 곤욕을 당하고 탈출하였는데, 이 일로 원종의 신임이 두터워졌다.

30세에 감찰어사에 이어 33세에 외직인 상주판관(尙州判官)으로 재직하였을 당시 백성들을 현혹시키는 무당을 엄중히 다스려 미신을 타파하고 풍속을 쇄신시켰다. 이후 판도사좌랑(版圖司左郞), 감찰시어사(監察侍御史)를 거쳐 국자사업(國子司業)에 올라 후진 양성에 힘썼다.

충렬왕 14년(1288) 우사의대부(右司議大夫)를 거쳐 좌부승지로 옮기고, 다시 좌승지로서 동지공거(同知貢擧)가 되었다. 이듬해 2월에 정동행성의 원외랑(員外郞)을 제수받고, 얼마 뒤 좌우사낭중(左右司郞中)에 이어 고려유학제거(高麗儒學提擧)가 되었다.

아들로 충렬왕 8년(1282) 문과(文科)에 급제한 우기(于器)는 우부승지(右副承旨)와 밀직부사(密直副使)를 역임하고 충숙왕(忠肅王)이 즉위하자 지밀직(知密直)으로 새로 구입한 경적(經籍) 1만8백 권을 검열했으며, 대사헌(大司憲)을 거쳐 검교찬성사(檢校贊成事)와 판전의시사(判典儀寺事) 등을 지낸 후 순평군(順平君)에 봉해졌다.

가묘는 서울 도동(桃洞)에 있다가 절손되었다. 그 후 나라에서 후손 창록(昌祿)을 봉사손(奉祀孫)으로 명하였고, 황해도에 가묘가 있다. 종손 재찬(在燦)이 6.25 때 월남하여 이북의 가묘는 어떻게 되었는지 알 수 없다.

순흥안씨(順興安氏)

47세에 왕과 원나라 공주인 왕후를 호종하고 원나라에 가서 주자서(朱子書)를 손수 베끼고 공자와 주자의 화상(畵像)을 그려가지고 이듬해 돌아왔으며, 3월에 부지밀직사사가 되었다.

48세에는 몽고의 침략을 당해 강화도로 몽진했고, 1294년 동남도병마사(東南道兵馬使)를 제수받아 합포(合浦)에 출진하였다. 이어 지공거(知貢擧)가 되고, 같은 해 12월에 지밀직사사, 다시 이듬해 밀직사사로 승진하였다.

54세인 충렬왕 22년(1296) 삼사좌사(三司左使)로 옮기고, 다시 왕을 수행해 원나라로 들어가서 다시 공자와 주자의 초상화를 모셔왔다. 이듬해에는 첨의참리세자이보(僉議參理世子貳保)가 되었다. 12월 집 뒤에 정사(精舍)를 짓고 공자와 주자의 화상을 모셨다.

충렬왕 24년(1298) 관제를 개혁하여 집현전태학사 겸 참지기무동경유수계림부윤(集賢殿太學士兼參知機務東京留守鷄林府尹)이 되고, 다시 첨의참리수문전태학사감수국사(僉議參理修文殿太學士監修國史)가 되었다. 같은 해 8월 충선왕을 따라 또다시 원나라에 다녀온 후 이듬해 수국사가 되고, 이어 1300년 광정대부찬성사(匡靖大夫贊成事)에 오르고, 얼마 뒤에 벽상삼한삼중대광(壁上三韓三重大匡)이 되었다.

충렬왕 29년(1303) 국학학정(國學學正) 김문정(金文鼎)을 중국 강남(江南)에 보내어 공자와 70제자의 화상, 문묘에서 사용할 제기(祭器), 악기(樂器) 및 육경(六經), 제자(諸子), 사서(史書), 주자서(朱子書) 등의 책자를 구해오게 하였다.

59세 때는 저택을 조정에 헌납하여 반궁(泮宮 : 조선의 성균관) 신축에 쓰게 하였으며, 61세 때는 왕에게 청하여 문무백관으로 하여금 6품 이상은 은 1근, 7품 이하는 은포(銀布)를 갹출하게 하여 이것을 양현고(養賢庫)에 귀속시키고 그 이식으로 인재양성에

순흥안씨(順興安氏)

충당하도록 하였다. 같은 해 12월에 첨의시랑찬성사 판판도사사감 찰사사(僉議侍郎贊成事判版圖司事監察司事)가 되었다.

이듬해는 섬학전(贍學田)을 처음으로 설치하여 박사(博士)를 두어 그 출납을 관장하게 하였는데, 이는 오늘날의 육영재단과 성격이 같은 것으로써 당시에 국자감 운영의 재정적 원활을 가져왔다. 그리고 같은 해 6월에 대성전(大成殿)이 완성되자 중국에서 구해온 공자를 비롯한 선성(先聖)들의 화상을 모셨다. 이 해에 판밀직사사도첨의중찬(判密直司事都僉議中贊)으로 치사(致仕)하였다.

충렬왕 32년(1306)에 64세를 일기로 세상을 떠나니 조정에서 문성(文成)이라는 시호를 내리고 왕이 장지(葬地)를 장단 대덕산에 내렸다.

충숙왕 5년(1318) 왕이 그의 공적을 기념하기 위하여 궁중의 원나라 화공에게 명하여 화상을 그리게 하였는데, 현재 국보 제111호로 지정되어 있는 그의 화상은 이것을 모사하여 조선 명종조에 다시 고쳐 그린 것이다.

사후 12년 뒤 문묘(文廟)에 배향되었고, 중종 37년(1542) 풍기군수 주세붕(周世鵬)이 영주군 순흥면 내죽리(內竹里)에 사우(祠宇)를 세우고, 이듬해 8월에는 송나라 주자의 백록동서원(白鹿洞書院)을 모방하여 백운동서원(白雲洞書院)을 그곳에 세웠는데, 명종 4년(1549년) 풍기군수 이황(李滉)의 요청에 따라 '소수서원(紹修書院)'이라는 명종 친필의 사액(賜額)이 내려졌다.

인조 12년(1634)에는 여항비(閭巷碑)가, 인조 17년(1639)에는 신도비가 각각 건립되었다. 인조 21년(1643) 장단의 유생들이 봉잠산(鳳岑山) 아래에 임강서원(臨江書院)을 세웠다. 이 두 서원과 곡성의 회헌영당(晦軒影堂)에 제향되었다.

이후 오늘날까지 안향에 대한 추앙은 계속 이어져서 중국 곡부의

순흥안씨(順興安氏)

공자 후손 직할 관청인 공부(孔府)에서 공식적으로 안자(安子)로 의결해 높였고, 공자 종손이 직접 안자사당에 안자묘(安子廟)라고 쓴 현판을 내렸다. 또 일제 강점기 때 조선총독부에서는 총독이 직접 안자묘 현판을 써서 사당에 제사를 지내고, 황해도 종가까지 방문하기도 했다.

퇴계 이황은 소수서원에 제사하면서 "안향 선생은 그 공이 학교에 있어 길이 유종(儒宗)이 되었다"고 기렸다. 청음 김상헌은 "우리 유도(儒道)에 길이 공을 끼쳤다"고 했으며, 택당 이식은 '해동유종(海東儒宗)'이라고 했고, 도암 이재는 '동방이학지조(東方理學之祖)'라고 추앙해 마지않았다. 그리고 역대 국왕은 사당에 제사를 지냈는데, 특히 영조는 사제문(賜祭文)에서 '백세종사(百世宗師)요 해동부자(海東夫子)'라고 했다.

이들은 안향을 유학의 조종(祖宗)이며 후진양성에 지대한 공을 끼친 인물로 인정하는 데 이견이 없는데, 특히 우리나라 최초의 주자학자로 추앙받고 있는 안향은 단순히 처음 주자학을 들여온 학자이기보다는 섬학전을 설치하여 학교를 재건하고 인재를 양성하려 한 교육사적인 노력과 함께 이야기된다.

중국에서 주자학이 성행할 당시 남송(南宋)의 사정이 원나라라는 이민족의 침입 앞에 민족적 저항을 하지 않으면 안 되는 국가적 위기를 맞고 있었던 때였던 것처럼, 당시 고려 후기의 시대상황 역시 이와 비슷하게 무신집권에 의한 정치적 불안정, 불교의 부패와 무속의 성행, 몽고의 침탈 등으로 국내외적으로 위기가 가중되고 있었다. 이러한 때에 민족주의 및 춘추대의(春秋大義)에 의한 명분주의의 정신, 그리고 불교보다 한층 주지적인 수양론(修養論) 등의 특성을 지닌 주자학을 적극적으로 수용하여 변화를 꾀하려던 것이 바로 안향의 궁극적인 이상이었고, 이러한 이상을 학교 재건과 인재양성을 통하여 이룩하려 하였다.

또한 그는 주자의 저술을 집대성한 주자대전(朱子大全)을 손수 베껴와 철저하게 연구하고 주자의 초상화를 그려 이를 벽에 걸고 평생을 경배했으며, 자신의 아호도 주자의 호인 회암(晦菴)에서 따 회헌(晦軒)이라고 했다. 조선 인조조에 백헌(白軒) 이경석(李景奭)은 회헌(晦軒) 안유(安裕)의 화상(畵像)을 기리는 글에서 "거경(居敬)을 통해 길이 성리학을 떨치게 한 공이 있다(振千古之頹風)"고 했는데, 거경이란 끊임없는 자기 성찰을 의미한다. 이는 궁리(窮理)와 조선 주자학을 집대성한 퇴계 이황의 학문 근간을 이루고 있는 수양 방법으로 철저한 유학자로서의 안향의 면모를 보여준다.

### 문성공 회헌 안향 신도비명(文成公晦軒安珦神道碑銘)

옛적 기자는 우리나라를 홍범(洪範)으로 다스려 인륜을 펴고 이적의 풍속을 중화의 문명으로 변화시켰다. 그러나 그 후로 선각자가 없어 마침내 이단에 빠진 지 천여 년이 되던 고려말엽, 성인의 도를 숭상할 줄 알고 국학이며 향학에 문풍(文風)이 성하게 일어나 많은 현인이 배출되어 다시금 중화의 문명으로 변해 내려온 지 또한 600여 년이 계속되었다. 일찍이 그 사이엔 반드시 호걸스런 선비가 있었기에 마침내 변화하기 어려운 변화를 이룩했다고 나는 생각하고 있었는데, 어느 날 김학수(金鶴洙), 정은조(鄭誾朝), 이만규(李晩煃) 등이 그들의 옛 동료 윤헌섭(尹憲燮)에게 회헌실기 한 질을 가지고서 수륙 7천리 먼 길을 보내어 궐리(闕里) 옛집으로 나를 방문하고 회헌 신도비문을 청한 것은 내가 공자의 후손이기 때문이었다. 실기를 몇 번이고 반복하고서야 비로소 천여 년간의 이단을 변화시키고 성인의 도를 밝혀 600여 년에 이른 것은 실제로 우리 안회헌(安晦軒)임을 불현듯 깨닫게 되었다.

순흥안씨(順興安氏)

안자(安子)는 고려인으로서 중국에 들어와 주자서를 보고 성문(聖門)의 정통임을 확신하여 일찍이 말하기를, "공자를 배우려면 먼저 회암을 배워야 한다"하고 선성의 영정과 주자의 진상을 모사하여 집 뒤편 정사에 봉안하고 조석으로 찾아뵈었으며, 거처하는 집을 바쳐 국학으로 사용케 하고 토지와 노비를 바쳐 학도에게 이바지했고, 공은 또한 강남으로 사람을 보내어 선성 및 70제자의 영정을 그려오게 하고 예기, 악기, 육경, 자·사(子·史) 등을 구입해 오게 함으로써 문물의 융성과 예속(禮俗)의 아름다움이 옛적 기자 조선에 부끄러움이 없게 되었다. 이로써 역대의 제왕은 보답을 높이 하고 모든 선비들이 높이 받들어 위로는 성무(聖廡)에 배향되고 아래로 서원에 제사 드리게 되었으니, 공을 동방성리학의 원조라 칭함은 결코 과장된 찬사가 아니다. 안자의 이름은 향(珦), 초명은 유(裕), 시호는 문성, 회헌은 그의 호이다. 묘소는 조선국 장단부 대덕산 자좌(子坐)이다. 명은 다음과 같다.

동국에 안씨가 있는데 세상에서 회헌 선생이라고 한다.
부자의 도를 받들고 회암의 학문을 배워
유학을 진흥시키고 도덕을 천명하였다.
대덕산 높이 솟아 천년이 지나도록 공의 몸 편안하다.
많은 선비가 사모하고 내 또한 사모하기에
사실을 발췌하고 이에 명을 하노라.

　　　　　　　　공자탄강 2468년 정사(1917) 윤2월 일
공자 76대손 세습 연성공 공영이(孔令貽)는 재배하고 경건히 씀

순흥안씨(順興安氏)

## 안문성공 회헌 선생 묘지명(文成公晦軒先生墓誌銘)

공의 성(性)은 안(安)이요, 처음 휘는 유(裕)인데 뒤에 향(珦)으로 고쳤다. 전후의 족보와 역사책에 모두 표덕(表德:字)이 기록되어 있지 않다. 우리 조선조에 들어와 현종(顯宗)의 어휘(御諱)를 피하여 처음 이름으로 쓰고 있으며, 스스로 회헌(晦軒)이라 칭하였다. 선계는 경상도(慶尙道) 순흥부(順興府)에서 나왔다. 증조(曾祖)는 자미(子美)인데 보승별장(保勝別將)으로 신호위 상호군(神號衛上護軍)에 추증(追贈)되었으며, 조고(祖考)는 영유(永儒)인데 추밀원부사(樞密院副使)에 추증되었다. 선고(先考)는 부(孚)인데 밀직부사(密直副使) 판도판서(版圖判書)에 치사(致仕)하였고 수태사문하시중(守太士門下侍中)에 추증되었으며 선비(先妣)는 강주우씨(剛州禹氏)로 예빈승동정(禮賓丞同正) 우성윤(禹成允)의 딸이다.

원종(元宗) 초년(初年), 공은 18세의 나이로 과거(科擧)에 급제(及第)하였고 교서랑(敎書郞)에 보직(補職)되었으며, 직한림원(直翰林院)으로 옮겼다. 삼별초(三別抄)의 난에 공이 적에게 포로가 되었는데 적들은 평소 공의 명망을 중히 여겨 그 부하들에게 명령하기를 안한림을 놓아주는 자는 처벌하겠다고 하였다. 공이 계책으로 빠져 나오자 왕은 의롭게 여기고 가상히 여겼다. 사명을 받들고 서도로 부임하여서는 청렴하고 근신함으로 칭찬을 받고, 불려와 내시원으로 들어오자 내시원(內侍院)의 오래된 폐단을 아뢰어 제거하였으며 얼마 후 감찰어사로 옮겼다.

충렬왕 원년(1274)에 상주판관(尙州判官)으로 나갔는데 이 때 여자 무당 세 사람이 요상한 귀신을 받들면서 사람들을 혹하게 하였다. 이웃고을 사람들도 모두 달려와 귀신을 받들었으며 여러 고을들의 수령들도 모두 이를 따랐다. 무당이 상주에 이르자 공은 곤장을 치고 형틀을 씌웠는데, 무당은 귀신을 빙자하여 화를 내리겠다고 겁주었다. 이에 고을 사람들은 모두 두려워하였으나 공은 조금도 동요하지 않았는데 그 무당은 요망함을 끝내 부리지 못하였다. 상주에 부임한지 3년 만에 안렴사(按廉使)가 공의 훌륭한 정사를 칭찬하여 판도좌랑으로 불려갔다.

얼마 후 전중시어사(殿中侍御史)로 옮겼다가 국자사업(國子司業)으로 승진하였으며, 우사의(右司議)로 있다가 우부승지(右副承旨)로 임명되고 부지밀직사사(副知密直司事)로 공신(功臣)의 칭호에 참여하였다. 공신을 축하하는 잔치에 공이 시를 지어 축하하자, 왕은 가상히 여겨 백미 50석을 하사하였다. 뒤에 합포로 나아가 주둔하였는데 군사와 백성을 어루만지고 구휼하여 고을이 편안하였다. 여러 번 벼슬을 옮겨 판공조사첨의(判工曹事僉意)에 이르렀다.

충선왕이 즉위하자 참지기무(參知機務) 행동경유수(行東京留守) 집현전태학사(集賢殿太學士) 계림부윤(鷄林府尹)에 임명되었다가 다시 참리(參里)가 되었다. 충렬왕이 복위한 다음 충선왕이 원나라에 가게 되었는데 공이 수행(隨行)하였다. 하루는 원(元)나라 황제가 급히 왕을 불렀는데, 충선왕이 두려워하자 승상이 나와서 말하기를 "수행한 신하 중에서 가장 높은 자가 들어와 대답하라"하였다. 공이 들어가자 승상이 황제의 명을 전달하기를, "네 왕은 어찌하여 공주(公主)를 가까이 하지 않는가?"하고 꾸짖었다. 공이 대답하기를 "규중 안의 일은 밖에 있는 신하가 알 수 있는 것이 아니요, 또한 오늘에 물어야 할 일이 아닙니다"라고 하였다. 승상이 돌아가서 황제에게 그대로 아뢰자 황제는 "이 사람은 대체를 아는 자라 할 것이니, 어찌 먼 지방 사람이라 하여 가볍게 볼 수 있겠는가"하고는 다시 묻지 않았다. 뒤에 찬성사에 임명되었으며, 얼마 후 도첨의 중찬으로 승진되었다.

순흥안씨(順興安氏)

공은 학교가 날로 황폐해짐을 우려하여 양부의 대신들과 의논하기를, "재상(宰相)의 직분은 인재를 교육시키는 것이 가장 먼저인데 지금 양현고(養賢庫)의 재원이 고갈되어 선비들을 기를 수가 없으니, 조정은 벼슬아치들로 하여금 각기 차등을 두어 은과 폐백을 내도록 한 다음, 이것을 양현고에 소속시켜 학전을 풍족히 할 것을 청합니다"하였다. 양부에서는 이를 쾌히 응하고 조정에 보고하자 왕도 또한 내탕고(內帑庫)의 돈을 내어 보조하였다.

이때 밀직(密直)인 고세(高世)는 자신은 무인(武人)이라 하여 돈을 내지 않으려 하였다. 공은 탄식하여 이르기를 "부자(夫子 : 孔子)의 도는 만세의 법이 되고 있다. 그리하여 신하는 군주에게 충성하고, 아들은 부모에게 효도하니, 이것이 누구의 가르침인가. 만일 나는 무인이니 돈을 내어 유학의 생도들을 기를 필요가 있겠는가라고 말한다면 이는 공자를 무시하는 것이다. 그래서야 되겠는가?"하였다. 고세는 몹시 부끄러워하며 돈을 내었다.

공은 또 남은 재정을 박사(博士)인 김문정(金文鼎) 등에게 맡겨 중국에 보내어 선성(先聖:孔子)과 72제자들의 화상을 구입하고, 아울러 제기와 악기, 육경과 여러 자서와 사서들을 구입하여 오게 하였으며 또 밀직부사(密直副使)인 이산과 전법판서(典法判書)인 이진을 경사교수(經史敎授) 도감사(都監使)로 추천하였다. 이에 금내(禁內)의 학관(學館)과 내시부(內侍府)와 삼도감(三都監), 오고(五庫)에서 배우기를 원하는 선비들과 칠관(七館), 십이도(十二徒)의 여러 생도들이 앞에 경서(經書)를 끼고 수업하러 오는 자가 수백 명에 이르렀다고 한다.

이러던 중 여러 생도 중에 선배에게 예우하지 않는 자가 있자 공이 노하여 벌을 주려 하였다. 그 생도가 자신의 죄를 사과하자 공은 경계하기를 "나는 여러 생도들을 내 자손처럼 보고 있는데, 여러 생도들은 어찌하여 이 늙은 사람의 뜻을 체념하지 않는가?"하고는 그를 데리고 집에 와서 술자리를 베풀었다. 이에 생도들은 서로 말하기를 "공이 이처럼 선비들을 정성으로 대하시니 우리들이 만일 교화되고 복종하지 않는다면 우리는 인간이 아니다"하고는 공의 가르침을 어기지 말자고 서로 말하였다. 이후로부터 유풍(儒風)이 크게 진작되었다.

삼사좌사(三司左使) 수문전태학사(修文殿太學士)로 재직해 있을 때 왕은 공에게 국사(國史)를 감수(監修)하도록 명하였다. 뒤에 도첨의중찬(都僉議中贊)으로 치사(致仕)하고 별세하니 바로 충렬왕 32년(1306) 병오 9월 12일 갑신일로 향년은 64세였다. 왕이 친히 시호를 문성(文成)이라 내리니, 도덕에 대한 문견이 넓은 것을 문(文)이라 하고, 백성을 편안히 하며 정사를 확립한 것을 성(成)이라 한다. 공을 장례할 때에 십이도의 여러 생도들이 소복을 입고 노제(路祭)를 지냈다. 충렬왕은 공의 화상을 그려 문묘의 가운데에 모시도록 명하였으며 충숙왕 6년(1319) 기미에 문묘의 동무(東廡)에 배향하였다.

공은 인품이 장엄하고 후중하며 편안하고 자상하여 사람들이 모두 존경하고 두려워하였다. 상부에 있을 때는 계책을 잘 세우고 일을 결단하니 동료들이 모두 사랑하고 사모하여 한마디 말이라도 다투는 말을 내지 못하였다. 왕씨의 세대에는 기자의 교화가 멀어져 학교가 무너지고 폐지되었으며, 온 세상이 무식하여 다만 불교만을 숭상할 줄 알고 우리 유도가 있음을 몰랐는데, 공은 홀로 혼탁할 때에 도학을 제창하여 학교를 일으키고 인재를 양성하는 것을 자기의 책임으로 여겼다. 공은 유학이 쇠함을 개탄하여 다음과 같은 시를 지었다.

곳곳마다 향 사르고 등달아 부처에 기도하네 (香燈處處皆祈佛)
집집마다 퉁소 불고 피리 불며 신에게 제사하네 (簫管家家盡祀神)

홀로 몇 칸 되는 부자(스승, 즉 공자)의 사당에는 (獨有數間夫子廟)
봄풀만 뜰에 가득한데 찾아오는 이 없네 (滿庭春草寂無人)


 공은 학문을 힘쓰고 도(道)를 구하며 오묘한 진리를 탐구하였다. 그리하여 은나라 태사(太師)인 기자(箕子)의 끊긴 도통을 이어 동방 성리학(性理學)의 조종(祖宗)이 되었다. 매양 후학들을 가르칠 때는 반드시 효(孝), 제(悌), 충(忠), 신(信)을 우선하여 고명정대(高明正大)한 경지에 이끌어서 긴긴밤에 밝은 촛불이 되어 나쁜 풍속을 크게 변화시켰다. 그리하여 당시 인재가 많이 배출되고 학교가 크게 부흥되었으니 이는 공을 힘입은 것이다. 공은 비록 정사를 그만 두고 집에 있었으나 학교를 일으키고 인재를 양성함에 있어서는 일찍이 마음속에 잊은 적이 없었다.

 빈객(賓客)들을 좋아하고 남에게 물건 주기를 좋아하였으며 문장이 맑고 꿋꿋하였고 또 훌륭한 식견이 있었다. 김이와 백원항이 영달하지 못했을 때 공이 이들을 보고 말씀하기를 이 사람들은 후일에 반드시 귀히 되고 드러날 것이다 하였으며, 또 이제현(李齊賢)과 이이(李頤)는 동년생으로 당시에 모두 명망(名望)이 있었는데 공은 이들로 시를 짓게 하여 보고는 말씀하기를 이제현은 반드시 귀히 되고 장수를 누릴 것이나 이이는 오래 살지 못할 것이다 하였는데 그 후 과연 모두 적중하였다.

 말년에는 항상 회암 주 선생(晦菴朱先生)의 화상을 걸어 놓아 사모하는 마음을 다하고는 마침내 회헌(晦軒)이라 호(呼)하였다. 일찍이 선비가 타는 거문고 하나를 집에 두고는 가르칠만한 선비를 만나면 이것을 타도록 권하였다. 이로부터 공의 덕망이 더욱 높아지고 명성이 널리 전파되었다. 그리하여 원(元)나라 황제(皇帝)는 정동행중서성(征東行中書省) 원외랑(員外郎)을 제수하였으며, 얼마 후 낭중(郎中)을 가하고 해동(海東) 유학제거

(儒學提擧)에 임명(任命)하여 표창(表彰)하였다. 공은 또다시 토지(土地)와 노비(奴婢)를 회사하여 태학(太學)의 경비에 보태어 생도들에게 주게 하였다. 그리하여 생도들이 매우 많았는데 그 때마다 제물을 준비하여 제사하고 있는 것이 지금까지도 그치지 않고 있다.

우리 조선조에 들어와 공정대왕(恭定大王, 태종)은 공이 사문(斯文)에 공로(功勞)가 있음을 추념하여 특별히 공의 자손들을 동반(東班)과 서반(西班)에 기록하여 등용(登用)하도록 명하고, 비록 서손이라도 또한 군역에 소속시키지 말아서 훌륭한 할아버지의 덕망을 높이도록 명하였다. 그리고는 태학의 여종들도 또한 궁중(宮中)으로 뽑혀 들어오지 못하도록 명(命)하였으니, 이는 공이 학교를 부흥(復興)하려는 뜻을 잊지 않아서 다른 부역에 옮겨 사역시키지 않고자 해서였다.

성종 임자년(1492)에 공의 묘소(墓所)를 개수하고 나무꾼과 목동들을 금지하도록 명하였으며, 중종 때 신재 주세붕은 풍기군수(豊基郡守)로 부임한 다음 가정 계묘년(1543)에 공이 평소 강학(講學)하던 곳에 서원을 창건하고 봄과 가을로 제사를 올렸으니 실로 우리나라에서 서원이 처음 생긴 시초였다. 가정 기유년(1549)에 퇴계 이황 선생이 군(郡)의 일을 맡게 되어 학칙을 다시 정하고 도백에게 글을 올려 조정에 아뢰자, 명종(明宗)께서는 친필로 소수서원(紹修書院)이란 사액(賜額) 현판을 내리고 태학사(太學士)인 낙봉 신광한에게 기문(記文)을 짓도록 명하였으며, 또 토지와 노비, 경적(經籍)을 하사하시어 공을 숭배하는 뜻을 표하였으니 여러 성조에서 공을 표창하고 영화롭게 한 것이 훌륭하였다.

신재 주세붕은 일찍이 말씀하기를 "문성(文成)의 올바른 학문이 삼한의 누추한 학문을 깨끗이 씻었다. 그리하여 240여 년이

흘렀는데 천리가 밝아지고 문교(文敎)가 부흥되었으며, 고려 말기의 익제 이제현, 포은 정몽주 등의 여러 선현들도 모두 선생의 여파에 영향을 받은 것이다. 그리하여 선생(先生)같은 분은 참으로 동방 도학(道學)의 원조(元祖)라 이를 것이다. 우리 도학이 없어지지 않음은 그 누구의 힘이겠는가?"하였으니 이 말씀은 참으로 옳은 말씀이다. (후략)

숭정 9년(1636) 겨울 14대손 부사(府使)
안응창(安應昌)

## 안문성공 여표비(安文成公閭表碑) : 허목(許穆) 지음

순흥부(順興府)의 북쪽 백운동(白雲洞)에 문성사(文成祠)가 있는데, 지지(地誌)에 이른바 소수서원(紹修書院)이 그것이다. 또 읍터 남쪽에는 안씨의 옛날 집터가 있는데, 사당(祠堂)에서 7리쯤 떨어져 있고 그 옆에 작은 연못이 있다. 그것을 벼루 씻던 연못이라 부르며 고적으로 삼아 오늘날까지 사람들이 그곳을 알리며 공경한다. 고사에 전하기를, 문성공의 아버지 태사(太師) 부(孚)와 태사의 아버지 신호위 상호군(神虎衛上護軍) 자미(子美), 이 두 조상이 살던 터전이라 한다.

안씨의 번창은 실로 상호군이 덕(德)을 심은 데서 싹텄으므로 후세에 그를 시조(始祖)로 삼았다. 지금은 이곳에 사단(祀壇)을 쌓고 제전(祭田)을 두어 매년 10월 초하룻날에 제사를 올리는데, 태사를 배향(配享)한다. 또 동으로 1리 떨어진 곳에 안씨사현정(安氏四賢井)이 있는데, 가정(嘉靖) 연간에 태사 주세붕(周世鵬)이 돌을 세우고 사적을 새겼다. 보첩(譜牒)에 상고해 보면 삼한(三韓) 갑족(甲族)의 여러 성씨 가운데 크게 번창한 집안이 많다. 그러나 대현(大賢)의 집안에서 이름난 사람이 많은데 유독

순흥안씨(順興安氏)

안씨 집안만이 전고(前古)에 특히 번창했다고 한다. 문성공의 시대는 고려 고종(高宗), 원종(元宗), 충렬왕(忠烈王), 충선왕(忠宣王) 당시였다. 그 사적은 전적에 나타나 있고, 또 단주(湍州) 장단(長湍))에 있는 대장명(大葬銘)을 보면 알 수 있다. (후략)

## 칠언율시(七言律詩)

갑오년 가을 진변에서 돌아가는 길에 경산부에 들려서 태수 이동암에게 보임 (甲午秋自鎭邊歸道次京山府示太守李東庵)

첫 여름 바닷가에 진수하러 왔다가 (夏初分鉞海邊來)
한창 더위에 치원대를 읊으며 지났네 (吟過三庚致遠臺)
역사들 빗발처럼 달려와 전하는 밀지 (驛使雷馳傳密旨)
현재들 뽑는 과기가 불일간 닥쳐온다고 (文闈火迫選賢才)
성산(경상도 성주)의 장마 물을 떼 타고 건넌 것은 (星山暴潦乘槎渡)
월궁 서늘 바람에 계수꽃을 재촉하네 (月窟涼飆養桂催)
이름 아뢰고 경석 열 일 미리 생각하니 (預想奏名開慶席)
눈앞에 봉생과 단판, 비단 천 필이 선하이 (鳳笙檀板錦千堆)

## 안우기(安于器)

초휘(初諱)는 천(遷), 자(字)는 허중(虛中), 호(號)는 죽옥자(竹屋子)이며 시호는 문순(文順)이다. 원종 6년(1265)에 태어났으며, 첨의중찬(僉議中贊)을 지낸 안향(安珦)의 아들이다.

충렬왕 때 문과에 급제하여 충렬왕 27년(1301)에 국학좨주(國學祭酒)로 최응(崔凝)과 함께 과거를 주관하고, 충렬왕 30년(1304) 우부승지(右副承旨), 이듬해 밀직부사(密直副使)를 지냈다. 이후 대사헌(大司憲), 광정대부(匡靖大夫) 검교첨의(檢校僉議), 찬성사겸판전의시사(贊成事兼判典儀寺事) 등 요직을 두루 역임하였다. 특히 충숙왕

1년(1314) 지밀직(知密直)으로 박사 유연(柳衍) 등이 새로 구입한 경적(經籍) 1만 800권을 검열하였다.

충숙왕 3년(1316) 밀직부사 겸 대사헌에서 파직되고 후임으로 조후(趙珝)가 임명되었는데, 그는 공망(公望)은 있었으나 안으로 도와주는 사람이 없어서 식자들은 이를 애석하게 여겼다. 일찍이 합포(合浦)에 출진(出鎭)하였을 때 방위를 튼튼히 하고 모든 폐단을 제거하여 민생을 편안하게 함에 힘쓰니, 그 청렴과 재간으로 칭찬이 있었다.

그는 장중한 생김에 성품이 공손하고 너그러우며 검소했다. 수년 동안 조정의 인사권을 담당할 때에도 한결같이 공평무사하여 오래도록 칭송을 들었으며, 성균시의 고관으로 많은 명사를 뽑았다.

순평군(順平君)에 봉군(封君)되었고, 충숙왕 16년(1329) 9월 12일 향수(享壽) 65세로 별세하니, 시호는 문순(文順)이다. 묘소는 문성공 묘 옆에 있으며 마산시 합성 1동에는 문순공 죽옥 안 선생 합포유적비(文順公竹屋安先生合浦遺跡碑)가 서 있다.

## 안 목(安 牧)

자는 익지(益之), 호는 겸재(謙齋)이며, 문성공 안향(安珦)의 손자이자 광정대부 검교첨의 찬성사(檢校僉議贊成事) 안우기(安于器)의 아들로 충렬왕 16년(1290)에 태어났다. 배위는 화평군부인(化平郡夫人) 김씨(金氏)이며, 첨의중찬을 지낸 문정공(文正公) 김태현(台鉉)의 딸이다.

충숙왕 2년(1315)에 문과에 올라 판전교시사(判典校寺事)를 지내고, 1348년에 밀직제학(密直提學), 제조경사도감(提調經史都監) 등을 역임하였다. 1352년에는 밀직부사에 올라 서연시독(書筵侍讀)의 중책을 맡아 왕을 보필하였으며, 통헌대부(通憲大夫), 정당문학(政堂文

學), 진현관대제학(進賢館大提學) 등 요직을 두루 역임한 후 순흥군(順興君)으로 봉군(封君)되었다.

공정한 정사로 어려운 백성을 많이 구하여 세상에 이름이 높았으며, 시와 거문고를 좋아하였는데, 만년에는 파주(坡州) 서교(西郊)에서 시서(詩書)를 즐기면서 여생을 조용히 보냈다. 공민왕 9년(1360) 72세에 세상을 떠나니 시호는 문숙(文淑)이다. 순조 22년(1822) 임오에 순흥 용연사에 봉향하였다.

세상에 전하는 그의 시 한 수를 보면 유유자적 상영소요(觴詠逍遙)하는 초연한 기상이 보인다.

긴 포구 밖에서 목동의 피리소리 들려오고 (牧笛一聲長浦外)
낙암 앞 고깃배에서 등불 깜박이네 (漁燈數點落岩前)

### 안원숭(安元崇)

초휘는 정(靖)인데, 여조방목(麗朝榜目)에는 숭(崇) 또는 림(琳)자로 기록(記錄)되어 있기도 하다. 충선왕 원년(1309)에 문숙공 안목(安牧)의 아들이자 문순공 안우기(安于器)의 손자로 태어났다.

충혜왕 복위 2년(1341)에 문과(文科)에 급제한 후 대언유판서(代言由判書)로 누차 전주(全州)에 출진하였는데, 이때에 학교(유교)의 육성 발전에 크게 힘썼다. 광정대부(匡靖大夫) 정당문학(政堂文學), 예문관 대제학(藝文館 大提學) 등 요직에 제수되었으며, 순성군(順城君)에 봉군(封君)된 얼마 후에 병으로 별세했다. 묘소는 회헌 선조의 묘소아래 자좌(子坐)이며, 조정에서는 문혜(文惠)라는 시호를 하사했다. 순조 22년(1822)에 순흥의 용연사(龍淵祠)에 배향되었다.

순흥안씨(順興安氏)

## 안원형(安元衡)

초휘는 원룡(元龍)이고 자는 경보(敬甫)며, 호는 일호(一湖)이고 시호는 문혜(文惠)이다. 순흥안씨 시조의 7세로서 문숙공 안목(安牧)의 차남이며 문혜공 안원숭(安元崇)의 아우이다.

충혜왕 2년에 문과에 급제하고 밀직사사(密直司事)로서 금자광록대부(金紫光錄大夫) 정당문학(政堂文學) 벽상삼한삼중대광(壁上三韓三重大匡)을 지낸 공신으로서 죽성군(竹城君)에 봉군되어 오늘날 신죽산안씨(新竹山安氏)의 시조가 되었다.

## 안원린(安元璘)

초휘는 원륜(元崙)이며, 시호는 문렬(文烈)이다. 순흥안씨 시조의 7세로서 문숙공 안목(安牧)의 삼자이며 문혜공 안원숭(安元崇)의 아우이다.

충혜왕 2년에 백씨와 중씨와 함께 문과에 급제한 후 관직이 누진되어 정당문학 검교중추부사(檢校中樞府事)를 지내고 탐진군으로 봉해지니, 오늘날 탐진안씨의 시조가 되었다. 시호는 근학호문(勤學好問)함이 문(文)이요, 충군자민(忠君慈民)하여 렬(烈)이라 하였다.

## 안 면(安 勉)

시조의 8세로 호는 쌍청당(雙淸堂)이며, 시호는 문정(文靖)이다.

문간공 김광재(金光載) 선생에게 수학하여 공민왕 3년에 문과에 급제했다. 사간원 정언(司諫院正言)으로 관직에 나아가 판전교시사(判典校寺事)에서 금자광록대부(金紫光錄大夫) 정당문학(政堂文學) 대승상(大丞相)을 지냈다. 그 후 흥녕군(興寧君)에 봉해지고, 문정(文靖)이라는 시호를 받았다.

순흥안씨(順興安氏)

시와 서문에 밝았으며, 묘소는 실전되어 전남 담양에 단을 모셨다.

## 안 원(安 瑗)

초명은 정(定)이며, 호는 서암(瑞巖)이다. 문성공 안향(安珦)의 5대손이며, 정당문학 안원숭(安元崇)의 아들로서 충숙왕 복위 원년(1332)에 태어났다.

공민왕 2년(1353) 문과에 등과하여 한원(翰苑)에 보직되고, 그 후 여러 관직을 거쳐 봉익대부(奉翊大夫) 형조전서(刑曹典書)에 올랐다. 당시는 명(明)나라의 끈질긴 내정간섭과 왜구(倭寇)의 침략 등으로 국정이 불안정하였는데, 이에 고위요직을 맡아 국난 극복에 진충보국하니 왕이 친히 가히 이 나라의 충신(忠臣)이라고 공로를 높이 찬양 치사했다고 한다.

그해 겨울 왕이 술사(術士)의 말에 미혹되어 도읍을 한양(漢陽)으로 옮기려 할 때 그 불가함을 간하는 상소를 올렸는데, 여기에 "나라를 다스림의 근본은 인심을 얻음에 있고, 인심을 얻는 요체는 사정을 살핌에 있으니, 이것이 왕정(王政)의 급선무입니다. 대저 인심은 정사에서 발하여 말에 나타나는 것이매, 그 말을 들어 그 정사를 살피면 그때의 다스림의 잘되고 못됨을 알 수 있는 것입니다. 저는 가만히 듣건대 도읍을 옮김에 손해됨이 많았다고 합니다. 따라서 이사하는 백성은 생업을 버리고 먼 길에 살림을 옮기기에 곤란이 많았고, 남아 있는 백성은 의지할 것을 잃고 쓸쓸한 빈 터에 떨어지게 되니 이쪽 저쪽이 함께 수런거리는 지경입니다. 앞서 처음 천도할 때 술사의 주장은 "하늘의 괴변이 자주 위에 보이고 땅의 괴변이 아래에 일어나니, 이는 대개 지덕(地德)이 쇠한 때문이라, 한양으로 옮기면 화를 물리칠 수 있다' 라고 했으나, 이제 옮긴지 얼마 되지 않아 짐승이 많은 사람을 다치고, 사람이 혹 불궤(不軌)를 도모하여

순흥안씨(順興安氏)

이 무렵 윤이(尹彛), 이초(李初)의 옥사가 있었다고 하는 등 변괴가 끊이지 않으니 어찌 술사의 말을 믿을 수 있겠습니까? 술사를 믿어 복을 구함이 어찌 덕을 닦아 백성에 순하고 하늘을 공경함만 하겠습니까? 원컨대 전하는 위로 천시(天時)를 살피시고 아래로 인사(人事)를 상고하사, 도로 환도하면 백성이 다시 살 자리를 얻는 기쁨이 있을 것이며 실망의 탄식이 없을 것이니, 전하는 헤아리소서"라고 했으나, 임금은 듣지 않았다가 이듬해에 비로소 깨닫고 다시 개성에 환도했다.

같은 해 이성계 세력에게 충신 정몽주가 암살되고 판삼사사 우현보와 그아들 5형제, 종친 남평군 왕화(王和), 찬성사 안익(安翊), 밀직 최을의(崔乙義), 절제 왕승귀(王承貴), 좌대언 유정현(柳廷顯), 우대언 허응(許膺) 등 많은 고려 절신들과 함께 유배되었다가 조선이 건국되자 풀려 돌아왔다.

그 후 태조(太祖)가 누차 고관을 제수(除授)하였으나 충신불사이군(忠臣不事二君)의 충절의지를 굳히고 모든 공직을 사양하였다. 이후 한성천도(漢城遷都) 후에 특명으로 개성유수(開城留守)를 명하고 이어서 형조판서(刑曹判書)를 제수하였으나 끝내 사양하고 취임하지 않았다. 말년에는 서원농서(瑞原農墅)에서 시문(詩文)을 즐기며 조용히 여생을 지냈다.

성현은 『용재총화』에서 "판서 원(瑗)은 매를 좋아하여 소년시절부터 버릇이 되었다. 그가 처가에 있으면서 왼 팔에 매를 앉히고 오른 손으로 책장을 뒤적이며 글을 읽었다. 그 장인이 '글을 읽으려면 매를 버리거나 매가 좋으면 글을 버리거나 할 일이지, 어떻게 함께 두 가지를 하느라고 그 고생인고?'라고 하니, 그가 '글은 본래 가문의 업이라 버릴 수 없고 천성이 매를 좋아하니 또한 버릴 수 없어 두 가지를 다하지만, 상치됨이 없으니 안 될 것이 있습니까?"라

순흥안씨(順興安氏)

고 했다.

쌍매당 이첨(李詹)이 어느 날 한양에 가는 길에 낙하 부근 산골짝에서 글 읽는 소리를 듣고 그 종에게 "이는 필시 안씨 노인일 게야"하고 가서 보매, 왼팔에 매를 받고 오른손으로 강목을 뒤적이며 나무에 기대어 글을 읽고 있었는데, 서로 보고 크게 웃었다.

그는 사람됨이 너그럽고 침중하여 평소에 아무리 급한 경우라도 말을 빨리하거나 급한 동작이 없었다. 한번은 왜구가 승천부를 침략했는데, 그는 집에서 태연히 글을 읽고 있어 종이 도적이 쳐들어왔음을 알리니, "황급히 굴지 말고 아직 활쏘기 연습이나 하고 있거라"라고 일렀다. 이윽고 왜구가 물러갔다.

태종 11년(1411) 향년 80세에 세상을 떠나니 시호는 경질(景質)이다. 정인지(鄭麟止)가 전기를 짓고, 용재 성현(成俔)이 유사를 지었으며, 이만규(李晩규)가 묘명을 지었다.

## 안조동(安祖同)

시조의 8세로 문혜공 안원숭의 차남이며, 고려 충목왕 1년(1345)에 출생하였다.

우왕 2년(1376)에 문과에 합격하여 직제문하주서(直除門下注書) 한림(翰林)을 거쳐 대언(代言)에 올랐으며 그 후 예문관 부제학이 되었다.

1388년 우왕이 폐위되던 당시에 숭인문 화(崇仁門禍)를 입자 공이 큰 소리로 개탄하여 "내가 조정에 들어온 지 13년 만에 왕을 잘 보호하지도 못하고 국사가 여기에 이르렀다"고 하며 44세를 일기를 순절하니, 우국충정의 절의신(節義臣)으로서 시호를 양공(良恭)이라 하였다.

도덕과 학문이 탁월하고 인품이 고상해서 회헌 선조와 인격이 동일하다 하여 조동(祖同)이라는 이름을 우왕(禑王)으로부터 하사받았다고 한다.

묘소는 충북 청원군 현도면에 있다. 부제학공파의 파조이다.

## 안 우(安 祐)

공민왕 1년(1352) 군부판서(軍部判書), 응양군상호군(鷹揚軍上護軍)을 지내고, 후에 지추밀원사(知樞密院事)를 거쳐 1358년 참지중서정사(參知中書政事)로서 안주군민 만호(安州軍民萬戶)가 되었다.

이듬해 홍건적(紅巾賊)이 침입하여 의주(義州), 정주(靜州), 인주(麟州) 등지가 함락되자 이방실(李芳實)등과 함께 적을 대파하고 퇴각하는 적을 추격하여 철주(鐵州)에 이르러 소수의 기병(騎兵)으로 분전하여 크게 적을 무찔렀다. 이어 적이 서경까지 진출하자 이를 공격하여 용강(龍岡), 함종(咸從) 방면으로 물리치고, 다시 적을 추격하여 2만여 명을 무찌르고 적장 심랄(沈剌), 황지선(黃志善)을 사로잡았고, 증산(甑山) 방면으로 도망치는 남은 적을 이방실, 김득배(金得培) 등과 계속 추격하여 이를 섬멸했다. 이어 각지의 패잔병을 소탕하고 돌아와 중서평장정사(中書平章政事)에 추충절의정난공신(推忠節義定亂功臣)이 되었다. 공민왕 10년(1361) 다시 20만의 홍건적이 쳐들어오자 상원수(上元帥)가 되어 김득배, 이방실 등과 박주(博州), 개천(价川) 등지에서 적을 대파하고 도원수(都元帥)가 되었다.

이듬해 총병관 정세운(鄭世雲)의 지휘 하에 이방실, 김득배, 이성계(李成桂), 최영(崔瑩), 한방신(韓芳信), 황상(黃裳), 안우경(安遇慶), 이여경(李餘慶), 이귀수(李龜壽) 등 여러 장수와 함께 20만 대군으로 개경 탈환전에 참전하여 적을 섬멸했다. 원래부터 정세운을 시기하던 재상

순흥안씨(順興安氏)

김용(金鏞)의 계략에 빠져 정세운을 죽였으나 일이 탄로될 것을 두려워한 김용에게 살해당했다.

## 안종약(安從約)

고려 형조전서 안원(安瑗)의 아들로 회헌 안향(安珦)의 5대손이며, 어머니는 영양남씨(英陽南氏) 휘주(暉珠)의 딸이다. 공민왕 4년(1355)에 태어나서 세종 6년(1424)에 별세하였다.

어려서부터 슬기가 남다르고 배움에 독실하고 실행에 힘썼으며, 일찍 문장을 이루었다. 웅위한 풍채에 천성이 정직하고 굳세며 근엄했는데, 용력이 있고 활쏘기에도 뛰어나 준마를 타고 천 길 절벽을 평지처럼 달리면서 화살을 연속 쏘아도 한 발의 헛맞힘이 없었다.

우왕 14년(1388) 문과에 급제하였으나 얼마 후 고려가 망하고 들어선 조선에서 그에게 벼슬을 제수하니, 부친이 말하기를 "나는 두문동(杜門洞)의 여러 분과 뜻을 같이해 왔는데, 네가 어찌 구차하게 이씨 조정의 벼슬에 나가겠느냐."라고 했다. 이후 계속 벼슬이 제수되자 마지못해 외직으로 열두 고을의 수령을 차례로 지냈는데, 한결같이 다스림이 청간(清簡)하여 아전이 두려워했으며 백성이 즐겨 따랐다.

그가 임천(林川) 고을 원으로 있을 때의 일화가 전하는데, 그곳 풍속이 귀신을 숭상하여 관아에서 사람이 잇달아 죽으매 관청을 비워두고 부근 다른 데로 옮겨 일을 보고 있었다. 그가 부임하여 비워둔 관청으로 들어가려 하매, 아전과 백성이 울면서 말렸으나 그는 듣지 않고 들어가 거처했는데 아무런 변고도 없었다. 모든 민간의 잡귀를 위하는 신당(神堂)이며 요괴의 숲을 모조리 불사르거나 헐어버리게 하매, 드디어 재변이 사라짐과 함께 미신의 폐단도 없어졌다.

뒤에 해주목사(海州牧使)로 사직하고 물러와 서원(瑞原) 별장에서 시서(詩書)와 거문고와 술로 한가롭게 지내며, 때로는 산수(山水)에 노닐고 고기잡이와 사냥에 즐거움을 붙였으며, 세상의 영화와 이익에 있어서는 초연하여 공중을 지나가는 뜬 구름과 같이 여겼다. 이조판서에 증직되었다.

안영시(安永時)가 묘지(墓誌)를 지었다.

### 안종신(安從信)

참판공파의 파조로 8세 경질공의 5자이다.

벼슬은 전라도 관찰출석사를 지내고 가선대부(嘉善大夫) 병조참판(兵曹參判)에 추증되었다.

### 안노생(安魯生)

호는 춘곡(春谷) 또는 죽계(竹溪)이며, 시조로부터 9세로 죽성군 안원형의 장손이다.

고려 우왕 2년(1376)에 문과에 급제하여 문하사인(門下舍人) 경기관찰(京畿觀察)을 거쳐 군자소윤(軍資少尹)이 되었다. 당시 서북 국경지대에는 금, 은, 말, 소, 베 등을 가지고 요동(遼東), 심양(瀋陽) 등지에서 밀무역을 하는 자가 많았는데, 태조 1년(1392) 서북면 찰방별감(西北面察訪別監)에 임명되어 그 밀무역 괴수 10여명을 사형에 처하게 하는 등 엄격히 죄를 다스리고 화물을 몰수하고 이를 막지 못한 지방 관리들도 엄히 문책하여 기강을 바로잡아 밀무역을 근절시켰다. 한때 정몽주(鄭夢周)가 시해된 후 그 일파로 몰려 유배된 적도 있었으나 곧 석방되었다. 태조 때 경상도 안렴사, 좌사간(左司諫) 등을 지내고 예조참의로 명나라에 갔다가 태종 8년(1408) 귀국하였다. 이조 참의(吏曹參議)를 거쳐 개성유후사 부유후로 경기도 도관찰사를 겸직, 태종 10년(1410) 충청도 도관찰사가 되었다.

순흥안씨(順興安氏)

자헌대부에 가자되었으며, 이조판서(吏曹判書), 홍문관(弘文館)과 예문관(藝文館)의 대제학(大提學) 겸 경연의금부사(經筵義禁府事), 오위도총부 도총관(五衛都摠府都摠管)으로 추증되었다.

## 이파 인물(二派 人物)

### 안문개(安文凱)

초휘는 균(鈞), 자는 국평(國平)이며, 호는 질재(質齋)이고 시호가 문의(文懿)이다. 2파 파조 신기별장 밀직부사(神騎別將密直副使) 안영린(安永麟)의 증손으로 고려 원종 14년(1273)에 태어나서 충숙왕 복위 7년(1338)에 별세하였다.

충렬왕 32년(1306) 문과에 급제하여 내서성 사인(內書省舍人)으로서 왕명을 받아 경상도 지방에 나가 원나라에 갈 왕의 여비를 모금하여 충숙왕 8년(1321) 4월에 왕이 원조(元朝)에 입근(入覲)할 때 왕을 호종(扈從)하였다. 이 무렵에 우부대언(右副代言)과 진현관 제학(進賢館 提學)이 되고 또 지삼사사(知三司事)가 되었다. 당시 우리 나라는 원나라와 사대관계를 맺고 있어 그들의 요구가 한이 없었으며 그로 인해 사절의 내왕이 빈번하였고 우리 국왕도 원나라 국왕이 자주 불러들였기 때문에 국왕의 왕래 비용을 충당하기 위하여 조정 신하들이 지방에 내려가 출렴(出斂)을 거두어야만 했다. 원경에 들어간 왕이 누명을 쓰고 엄중한 문책을 당하게 되자 이에 충성을 다하고 의리를 지키기 위하여 시비를 바로잡아 간곡히 국왕의 원통함을 풀어드리려고 호소하다가 도리어 이 일에 연계되어 수년 동안 투옥당하기도 하였다. 이후 잘못된 일이 풀리고 용서를 얻어 충숙왕 12년(1325)에 고국으로 돌아오니 원훈(元勳)으로 문개(文凱)라는 새 이름을 내리고, 동한보절진충무극공신(東韓保節盡忠無極功臣)으로 녹훈(錄勳)되었다. 이어서 삼중대광 순흥부원군(三重大匡 順興府院君)으로 봉해졌다. 경오년 충숙왕 17년(1330)에 정승직을 사임하고

순흥안씨(順興安氏)

밀직부사(密直副使事)에 제수되고 또 우문관 대제학(右文館 大提學)에 올랐다. 왕이 세자에 전위하여 세자가 왕위에 오름에 다시 삼중대광 순흥부원군(三重大匡 順興府院君)으로 봉해졌다.

충숙왕 복위 후에 지공거(知貢擧)가 되어 자예위선시(掌禮闈選試)를 관장하여 송천봉(宋天鳳), 홍언박(洪彦博), 이달존(李達尊), 이문정(李文挺), 최재(崔宰), 정운경(鄭云敬) 등 33인과 명경(明經), 은사(恩賜) 각 2인을 급제시켰고 옥대(玉帶)를 하사받았다. 이처럼 그의 문하에서 현사(賢士)들이 많이 나와 영재 준걸이 모두 중외에 포열(布列)하게 되니 사람들이 말하기를, 안상국(安相國)은 참으로 일대유종(一代儒宗)이라고 칭송했다.

충숙왕 복위 4년(1335) 상신으로 등용되어 삼중대광 좌정승 문하시중 도첨의찬성사(三重大匡左政丞門下侍中都僉議成事)가 되니 칭병하고 물러나와 집으로 돌아왔다. 충숙왕 복위 7년(1338) 윤8월에 향년 66세로 졸하니 증시(贈諡)하여 문의(文懿)라 하였다.

그는 천자가 웅위(雄偉)하고 기식(器識)이 광심(廣深)하며 어려서부터 박학역행(博學力行)하여 장년에는 험악하고 어려움을 겪었으나 뜻을 굽히지 않고 충절을 지켰고, 충의를 다하여 정사를 바로잡고 국왕을 보필하여 왕실을 보호하는 일을 자신의 임무로 삼았고 늙어서도 더욱 충직을 더하였다.

묘소는 평산(平山)이라 하나 실전되었으며 철종 9년(1858) 산파단(山坡壇)에서 제사를 받들어 오다가 1963년 현 추원재에 합단하였다. 또 추원재 경내에 향려비와 나란히 문의공의 여항비가 서 있다.

## 안천선(安千善)

시조로부터 6세(世)로 자는 경려(慶餘)이고, 호는 신암(愼菴)이다. 고려 숙종조에 문과에 급제하여 정당문학 보문각 대제학을 지내고

순흥안씨(順興安氏)

순성군(順城君)에 봉해졌다.

3형제를 두었는데 경혜공(景惠公) 안손주(安孫柱), 의랑공 안천봉(安天鳳), 소의공(昭懿公) 안천보(安天保)이며, 묘는 모두 실전되어 경북 예천에 설단을 했다.

### 안손주(安孫柱)

고려 공민왕조에 문과에 급제하여 벼슬에 나아갔다. 중랑장(中郞將)을 거쳐 찬성(贊成)을 더하였고 순성군(順城君)에 봉군되었으며, 시호는 경혜(景惠)이다.

### 안천봉(安千鳳)

문의공 문개의 4남인 양정공 천선의 차남이다.
벼슬은 예부의랑(禮部議郞)을 지냈다.

### 안천보(安天保)

자는 정지(定之)이고, 시호가 소의(昭懿)이며, 충숙왕 복위 8년(1339)에 태어나서 조선 세종 7년(1425)에 별세하였다.

대제학(大提學)을 역임한 안문개(安文凱)의 손자이고, 순흥군(順興君) 안천선(安天善)의 아들로 세종비 소헌왕후(昭憲王后)의 외조부가 된다. 소헌왕후는 어려서부터 외가인 그의 집에서 자라 왕비가 되었다.

공민왕 11년(1362)에 별장에 이어 전객부령, 군기윤(軍器尹), 판사복시사, 의덕부좌사윤, 판종부사를 역임하였다. 그 뒤 공부전서에 올랐으나 곧 벼슬을 면직당하고 가야금과 책을 벗 삼아 16년 동안 은둔생활을 하였다. 조선조에 들어와서 태종 8년(1408) 검교 한성윤

순흥안씨(順興安氏)

에 등용되고, 이듬해 검교 참찬(檢校參贊)이 되고 곧이어 검교 찬성(檢校贊成)에 올랐다. 세종이 즉위하자 좌의정이 되어 치사하고, 뒤에 영돈녕부사가 되었다.

그는 마음이 충직하였으며 의친(懿親 : 소헌왕후의 외조부)이 되어서는 더욱 행실을 삼가고 신중히 하여 교만함이 없었다 한다. 세종이 예관(禮官)을 보내 제문과 제전 20결을 하사하고, 소의(昭懿)라는 시호를 내렸다.

순흥안씨(順興安氏)

삼파 인물(三派 人物)

## 안영화(安永和)

관직은 교서랑(校書郞)이고, 일설에는 통의대부 신기별장(通議大夫神騎別將)이라고도 한다.

배(配)는 실전(失傳)이며 묘(墓)도 실전(失傳)되었다.

순조 25년(1825) 가을에 후손 안환(安煥)이 안기명(安其命)과 더불어 근재(謹齋) 안축(安軸)의 구거(舊居)인 현리촌(閼里村) 사현정(四賢井) 옆에 사단(祀壇)을 처음 만들고 아들인 안득재(安得財)와 손자 안희서(安希諝)와 현손자 안집(安輯)을 함께 모시고 제전(祭田)을 두고 매년 10월1일 제사하였다.

94년 후인 1918년에 후손 안혁중(安赫中)이 안필중(安必中), 안형중(安馨中)과 더불어 중수 단장(重修壇墻)하고 표석(表石)과 문(門)을 세우고 문경공(文敬公)을 추배(追配)하여 조조단(肇祖壇)과 함께 같은 날에 제사를 드린다. 안환(安煥)이 실기(實記)를 짓고 안기명(安其命)이 창설기(創設記)를 짓고 안혁중(安赫中)이 중수기(重修記)를 지었다.

이 단(壇)을 대산단(臺山壇)이라고 하는데, 1963년 추원재(追遠齋)에 이안(移安) 합단(合壇)하였고, 1988년에 순흥(順興) 비봉산(飛鳳山)에 종합(綜合)된 추원단(追遠壇)을 축조하여 이안(移安) 보사(報祀)한다.

대산단지(臺山壇址)에 1985년 8월10일에 유허비(遺墟碑)를 세우니 후손 안동준(安東濬)이 비문(碑文)을 지었다.

안영화의 관직이 전후보(前後譜)에 실전(失傳)이나 단사축식(壇祀祝式)에 증교서랑 전리전서(贈校書郞典理典書)라 하였고, 또한 충주

순흥안씨(順興安氏)

문숭리(文崇里)의 종인(宗人) 상옥(商玉)의 가보(家譜)에 통의대부 신기별장(通議大夫神騎別將)이라 기재되어 있다.

 교서랑(校書郞) 안영화(安永和)는 두 아들을 두었는데, 번성하여 차자인 안득인(安得仁)은 검교공파조가 되고, 장남 안득재(安得財)의 손자인 밀직제학(密直提學) 안석(安碩)은 5자를 두어 모두 번성하였다. 유명한 관동별곡, 죽계별곡을 저술한 문정공 안축(安軸)은 문정공파조가 된다. 4자인 안집(安輯)은 좨주공파조(祭酒公派祖), 5자인 안을수(安乙壽)는 중랑장공파조가 되었다.

### 안득재(安得財)

고려 때 흥녕현(興寧縣 : 지금의 순흥)에서 호장(戶長)의 벼슬을 지내고 호부낭중(戶部郞中)에 올랐다.

배(配)와 묘(墓) 모두 실전(失傳)하여 아버지 안영화(安永和)와 함께 한곳에 단(壇)를 세워 향사(享祀)하고 있다.

### 안희서(安希諝)

고려 때 흥녕현(興寧縣)에서 호장(戶長)을 지내다가 판전객시사(判典客寺事)에 올랐다.

배(配)와 묘(墓)는 실전(失傳)되어 아버지 안영화(安永和)와 함께 한곳에 단(壇)를 세워 향사(享祀)하고 있다.

### 안 석(安 碩)

고려 충열왕 8년(1282)에 문과에 급제하였으나 덕을 쌓고 벼슬은 하지 않고 있다가 뒤에 봉익대부 밀직제학(封翊大夫密直提學)에 제수되었다.

정당문학 문경(文敬)이란 시호를 받은 사실이 증보문헌비고에 실려 있으나 아들인 3남 안보(安輔)와 혼돈하여 기록된 착오로 보고 있다.

안석은 충렬왕 8년(1283)에 십운시(十韻詩) 장원으로 급제한 것이 고려사에 나타나 있으며, 생졸년은 알 수가 없다. 그러나 상계와 아들 7형제의 출생년을 추산하여 미루어 볼 때 대략 원종 1년(1260) 전후에 나서 충선왕 2년(1310)을 전후하여 졸한 것으로 보고 있다. 과거에 급제하였지만 은불사(隱不仕)하였다고 전해진다.

## 안 축(安 軸)

자는 당지(當之), 호는 근재(謹齋)이며, 안석(安碩)의 아들로 충렬왕 8년(1282)에 태어나서 충목왕 4년(1348)에 별세하였다.

안축은 나면서부터 남보다 뛰어나게 영리하고 슬기로웠다고 한다. 학문에 힘쓰고 문장을 열심히 닦은 그는 충렬왕 때에 문과에 급제하여 금주사록에 임명되었으며 이후 사한(史翰)에 선보(選補)되어 사헌 규정의 직을 맡게 되었고, 이후 단양부 주부(丹陽府注簿)를 지냈다.

43세 때인 충숙왕 11년(1324) 원나라 제과(制科)에도 급제하여 그곳 요양로(遼陽路) 개주판관(蓋州判官)에 임명되었으나 개주 태수의 간청에도 불구하고 끝내 부임하지 않았다. 안축이 원나라에 올린 글을 본 충숙왕이 이를 가상히 여겨 그에게 성균악정의 벼슬을 내려 고려 왕실을 떠날 수 없었기 때문이다. 그 글은 "임금에게 근심이 있으면 신하가 곤욕을 당하고 임금이 곤욕을 당하면 신하가 죽는 법이다"라는 내용이었는데, 이는 당시 원나라에 억류되어 있던 충숙왕에게 죄가 없음을 주장하는 것이었다.

고려에 돌아와서 성균학정(成均學正), 우사간대부(右司諫大夫)를 거쳐 충혜왕 때 왕명으로 강원도존무사(江原道存撫使)로 파견되어 외직에 나갔다가 충혜왕 2년(1331) 9월 개성으로 돌아왔다. 이때『관동와주(關東瓦注)』라는 문집을 남겼는데, 목민관으로서 관동 지방을 유람하며 느낀 생각을 애민시(愛民詩)로 표현한 충군애민(忠君愛民)의 뜻이 담겨 있다.

내직으로 돌아와 판전교지전법사(判典校知典法事)를 역임하던 안축은 1332년 충숙왕의 복위로 파면을 당하게 되었다. 충숙왕이 충혜왕의 총애를 입은 자들을 쫓아내는 과정에서 누군가가 안축을 모함했기 때문이다. 얼마 지나지 않아 다시 전법판사(典法判書)로 등용되었지만 이번에는 권세를 잡은 내수(內豎)의 미움을 사 또 파면되었다. 그러나 충혜왕이 다시 복위되면서 전법판서, 감찰대부(監察大夫) 등에 등용되었다. 이렇듯 안축은 악정에서 감찰대부에 이르기까지 늘 관직을 겸임하였던 터라 많은 표전(表箋)과 사명(詞命)이 그의 손에서 나왔다고 한다.

충혜왕 4년(1343) 62세의 나이로 검교평리로서 상주 목사로 나가게 되었을 때에는 흥녕에 계신 모친을 자주 찾아뵈어 효성을 다하였다. 충목왕 즉위년(1344) 밀직부사와 지밀직사사(知密直司事)를 거쳐 정당문학에 올랐으며 시독(侍讀)으로 서연(書筵)에 참여하기도 하였다. 이어 첨의찬성사(僉議贊成事)를 차례로 지내고 1347년에 판정치도감사(判整治都監事)가 되어 양전(量田)행정에 참여하였다.

이듬해 감춘추관사(監春秋館事)의 직에 오른 뒤에는 이제현, 이곡, 안진, 이인복 등과 함께 민지(閔漬)가 지은『편년강목(編年綱目)』을 증수하였고, 충렬, 충선, 충숙왕의 실록을 수정하였다.

그러나 그의 나이 66세인 충목왕 3년(1347) 유학자를 좋아하지 않은 당시 조정대신들 탓에 파면되어 흥녕군에 봉해졌다. 다음해 복직되었지만 그 해 봄 병으로 관직에서 물러나게 되어 다시 흥녕군에 봉해졌다. 그리고 얼마 지나지 않아 6월 21일 향년 67세의 나이로 숨을 거두었다. 이후 문정(文貞)이라는 시호를 받았고, 조선 중종 39년(1544) 아우 문경공(文敬公) 안보와 함께 소수서원에 배향되었다.

안축의 증조할아버지 안득재(安得財), 할아버지 안희서(安希諝), 아버지 안석(安碩)은 모두 향리의 우두머리인 호장(戶長)을 지냈다. 아버지 안석은 현리(縣吏)로 과거에 급제하였으나 벼슬을 하지 않았고, 후에 밀직부사제학(密直副使提學)에 추증되었다.

이렇듯 안축의 선대는 대대로 순흥의 호장을 지낸 재향지주였으나 안축의 대에 이르러 중앙 정계에 진출하면서 그의 가계는 중요한 위치를 점하게 되었다. 더불어 신유학의 이념을 지닌 신흥사대부들과 학문적인 교류를 하면서 그의 가세는 더욱 커졌다.

그는 일찍 돌아가신 아버지를 대신해 두 아우 안보(安輔)와 안집(安輯)을 교육시켜 모두 과거에 급제시켰는데, 각각 벼슬이 정당문학(政堂文學)과 성균좨주(成均祭主)에 이르렀다. 그 중 안보는 형 안축의 뒤를 이어 충목왕 1년(1345) 원나라의 제과(制科)에 합격하였고 요양행중서성조마(遼陽行中書省照磨)로 임명되어 승발가각고(承發架閣庫)를 겸임하였다.

그의 장남 안종기(安宗基)는 별장(別將)을 지냈으며, 2남 안종원(安宗源)은 17세에 과거에 급제하여 벼슬을 지냈는데, 공양왕 때에는 관직이 판삼사사(判三司事)에 이르렀으며, 조선 개국 후에는 삼사영사(三司領事)에 올랐다. 안종원의 아들 즉 안축의 손자 안경공(安景恭)은 조선 개국공신으로 태종 때 집현전 대제학(集賢殿大提學)이 되었다. 그 이후에도 집안 대대로 많은 명신이 배출되었다.

그를 사모한 당대 명사들의 글 속에 그의 인품이 잘 드러나는데, 특히 이곡(李穀)은 묘지명에서 안축을 이렇게 기록하고 있다.

순흥안씨(順興安氏)

"마음가짐이 공정하고 집을 다스림에 근검하였다. 말을 잘 하였지만 책임을 회피하기 위해 말을 꾸미지는 않았으며, 관직에 있을 때는 부지런히 일하여 게으른 기색이 없었다. 선한 것을 보면 그칠 줄 모르고 칭찬하니 그를 기리는 일이 많았고, 악을 보면 그것을 피하고 가까지 하지 않으니 원망이 적었다. 스스로 호를 근재라 지었으니 그 뜻을 알만하리라."

안축 스스로도 "내 평생에 가히 이렇다 할 것이 없으나 네 번 사사(士師)가 되어 무릇 백성 가운데 억울하게 노예가 된 자는 반드시 다스려 양민으로 삼았다"고 하였으니 그의 공정한 마음가짐을 읽을 수 있다. 한편 최해(崔瀣)와 이색(李穡)은 "지금 이 기록을 보니 글 뜻이 정교하여 스스로 일가를 이루었으며, 모두 무적이 언급하지 않는 것이다"라고 하고, 또는 "문장 도덕이 한때에 뛰어 났다"고 하며 그의 문장력을 칭송하기도 하였다.

안축은 고려 말 성리학을 학문적 토대로 삼으며 등장한 신흥사대부 출신으로 당대의 명현이었던 이제현(李齊賢), 최해(崔瀣), 조렴(趙廉), 이곡(李穀), 이색(李穡), 이인복(李仁復), 백문보(白文寶) 등과 즐겨 교유하였다. 또한 조선시대에 들어와서는 안향과 함께 소수서원에 배향될 정도로 유학자들 사이에서 학문을 인정받았다. 그의 성리학적 사유에 대해서는 그가 남긴 시문을 통해 일면을 살펴볼 수 있는데, "인심이 안에 있어 외물과 접촉하지 않으면 허령한 상태로 움직이지 아니하여 근본이 안정되다가 사물이 나와 접척이 있은 연후 안에서 움직여 밖으로 드러나게 된다. 사물과 접촉하여 마음을 움직이는 것은 이목구비와 같은 것들인데 …… 중략 …… 성인은 사물을 응대함에 도가 있어 올바름을 잃지 아니하나, 중인은 사물로 인하여 옮겨가 이도(異道)로 달려가게 된다. 그러므로 군자는 자신의 마음을 바르게 하고자 항상 사물에 접촉하는 것을 삼갔는데 ……

중략 …… 대개 외부를 삼가 내면을 기른 것이다"고 하였다.

외부 환경을 삼가 마음을 수양한다는 이러한 안축의 수양론은 정주(程朱)의 성리학에서 자주 언급하는 내용으로서, 존천리거인욕(存天理去人欲)이라는 성리학의 핵심을 안축도 본받고자 했음을 알 수 있다.

한편 "천하의 물 가운에 무릇 형을 가진 것들은 모두 이(理)를 가지고 있다. …… 중략 …… 무릇 형이 기이한 것은 드러나 눈이 즐거워하고, 이가 오묘한 것은 은밀하여 마음으로 터득해야 한다. …… 중략 …… 공자가 말씀하기를, 어진 이는 산을 좋아하고 지혜로운 이는 물을 좋아한다고 했으니, 이는 기이한 것을 즐겨 일부만 보는 것을 이르는 것이 아니라 오묘한 것을 터득하여 전체를 즐김을 말한 것이다"라고 하며 궁리(窮理)의 인식을 강조하는 모습도 보여주고 있다.

이렇듯 안축은 거경의 수양과 궁리의 인식 자세를 중시하였던 인물이며, 그러한 성리학적 삶의 자세를 시문에 투영시켜 현실 모순의 극복 의지로 끌어올리고 있다고 볼 수 있다.

## 안 보(安 輔)

자는 원지(員之)이며, 석(碩)의 아들로 충렬왕 28년(1302)에 태어나서 공민왕 6년(1357)에 별세하였다. 첨의찬성사(僉議贊成事) 축(軸)의 아우이다.

충숙왕 7년(1320) 문과에 급제하여 경주사록(慶州司錄)에 임명되고, 다시 춘추관 수찬(春秋館修撰)을 거쳐 편수관(編修官)을 역임하였다. 충목왕 즉위년(1344)에 원나라의 제과(制科)에 합격하여 요양행중서성조마 겸 승발가각고(遼陽行中書省照磨兼承發架閣庫)로 있다가 노모를 위해 귀국하였다. 그 뒤 우대언 겸 집의(右代言兼執義)를 거쳐 충정왕 때 전법판서(典法判書)가 되었다. 공민왕 1년(1352) 밀직제학이 되고, 이어 감찰대부제조전선사(監察大夫提調銓選事)를 지냈다. 1355년 밀직제학으로 동지공거(同知貢擧)가 되어 지공거 이공수(李公遂)와 함께 진사를 시취하였으며, 이해 정당문학(政堂文學)에 올랐다. 어머니 봉양을 이유로 사직하고자 하자 고향인 흥녕에 가까운 동경유수(東京留守)를 제수 받았다.

항상 청렴한 생활을 하였으며, 형인 축과 함께 안향(安珦)을 제향한 소수서원(紹修書院)에 배향되었다. 시호는 문경(文敬)이다.

## 안 집(安 輯)

자는 목지(穆之)이다. 밀직제학(密直提學)에 추봉된 안석(安碩)의 아들이며, 첨의찬성사(僉議贊成事) 축(軸)의 아우이다.

문과(文科)에 들어 벼슬이 보문관 대제학에 이르고, 성균좨주(成均祭酒)를 지냈으며, 보리공신(輔理功臣) 순흥군(順興君)에 봉해졌다.

## 안종원(安宗源)

자는 사청(嗣淸), 호는 쌍청당(雙淸堂)이며, 첨의찬성사를 지낸 안축(安軸)의 아들이다.

충혜왕 복위 2년(1341) 과거에 급제한 뒤 충목왕 때 사한으로 보임되었다. 이듬해 삼사도사에 임명되었고, 공민왕 초에 전법정랑이 되었다. 이때 많은 소송사건을 잘 처리하여 백성들의 칭송을 받았다. 뒤에 시어사를 거쳐 양광도안렴사로 있을 때 홍건적의 난을 피하여 내려온 공민왕을 충주에서 맞았다. 왕이 다시 음죽(陰竹)으로 옮기니 관리와 백성이 모두 도망하여 왕이 접대를 받을 수 없게 되자, 그 책임으로 지청풍군사로 좌천되었다가 후에 전법총랑에 승진

순흥안씨(順興安氏)

되었다.

이 무렵 신돈(辛旽)에게 아부하는 것을 거부했다는 이유로 참소를 당하여 강릉부사로 좌천되었는데, 그곳에서 선정을 베풀어 백성들이 생사당(生祠堂)을 세워 제사지냈다. 그 후 신돈이 주살되자 사헌시사를 거쳐 우사의 대부를 제수 받았다. 우왕 초에 좌사의 대부 류순(柳珣) 등과 더불어 환관의 폐단을 논하는 글을 도당에 올렸으나 받아들여지지 않았다. 성균관 대사성, 우상시를 거쳐 대사헌에 승진되었다가 판숭경부사가 된 뒤 흥영군(興寧君)에 봉해졌다. 이 때 환관 김현(金玄)을 내사(內事)에 미비하다고 논박하여 유배시켰으며, 또한 환관의 수를 10명 내로 줄여서 그들에 의하여 국정이 문란되는 일이 없도록 해야 한다고 상소하였다. 그리고 명에 가는 사신들이 사행을 기화로 금, 은, 말 또는 포목들을 밀반출하여 장사하는 것을 엄금하도록 건의하였다. 우왕 8년(1382) 순흥군(順興君)으로 개봉되고 다시 공신호를 받았으며 정당문학이 되었다. 최형(崔瑩)이 탐관과 권신들을 숙청할 때 청렴 근직하다고 하여 문하찬성사로 기용하고 인사권을 맡겼으나 곧 사임하였다. 그 뒤 흥영부원군(興寧府院君)으로 진봉되고, 조선조에 와서는 판문하부사가 되었으나 곧 세상을 떠났다. 시호는 문간(文簡)이다.

## 안경공(安景恭)

자(字)는 손보(遜甫), 호는 영주(盈主)이며, 문정공(文貞公) 안축(安軸)의 손자이자 문간공(文簡公) 안종원(安宗源)의 3자로 충목왕 3년(1347)에 태어났다.

일찍이 집안의 교훈을 받들어 면학에 힘쓰고 생활이 검소하고 성품이 온화하면서 효제(孝悌)함이 지극하였다. 공민왕 14년(1365) 19세에 사마시 생원이 되고 공민왕 21년(1372) 26세에 산원이 되었다. 다음해에 낭장(郞將)으로 특진하였고, 우왕 2년(1376)에 궁중 물품을 관리하는 의영고부사로서 문과에 급제하고 이로부터 45세까지 15년간 여러 관직을 두루 역임하니 전리사의 좌랑, 예의정랑에 이르렀다.

우왕 8년(1382) 5월 경상감사 재임중 합천에서 일어난 '사노의 난(私奴 亂)'을 다스려 공을 세웠다. 이 난은 합천에 한 개인이 부리던 종이 스스로 검대장군(劍大將軍)이라 하고, 그 무리 중 한사람을 초장군(抄將軍)이라 하고 또 한 사람을 산장군(散將軍)이라 부르며 떼를 지어 남의 것을 빼앗길 일삼더니 그 세력이 불어나 장차 주인과 수령(首領)을 죽이고 일으킨 난이다. 이를 안경공이 주군(州軍)으로 하여금 평정하게 하고 그 사노를 잡아 목을 벤 것이다.

그 후에 다섯 차례의 전임을 거쳐 삼사좌윤(三司左尹)에 이르렀고, 비순위(備巡衛)의 상호군(上護軍)에 올랐다. 이후 판통례문사(判通禮門事)를 지내면서 진현관(進賢館)의 제학(提學)을 겸임하였다. 이어 전교시(典校寺)의 판사(判事)와 지제교(知製敎)를 겸임하고 예의사(禮儀司)의 판서(判書)로 있다가 전법판서(典法判書)로 승진하였는데, 당시의 기록에는 "죄인의 죄는 미워하면서도 사람은 불쌍히 여겨 사랑으로 대하고, 죄에 착오 없도록 두 번 세 번 조사하여 공정하게 다루니 무죄가 되거나 감형 받는 자가 많았다"고 하였다. 경상감사(慶尙監司) 이후로는 주로 내직(內職)에 있었는데 뒤에 황주목사의 외직으로 나갔다. 신증동국여지승람(新增東國輿地勝覽)에는 황주목(黃州牧)의 명관(名官)으로 공을 들어 "백성을 잘 돌보아 은혜를 베풀어서 그가 갈려 간 뒤에도 백성들은 그를 잊지 않고 그리워하였다"는 기록이 남아있다. 당시는 고려 말엽으로 나라는 원(元)의 지배하에 있어 정치는 물론 풍습마저 원을 따르는 형편이었고 기씨 일족(奇氏一族)이 득세하여 조정을 어지럽히며 신돈(辛旽)

이 권세를 잡아 왕실의 권위는 땅에 떨어졌다. 더욱이 왜구가 내륙 깊숙이 들락거리며 폐해가 잇따르고 북으로부터는 홍건적(紅巾賊)의 침입이 있었고, 안으로는 탐라섬의 반란, 사노들의 반란 등으로 내우외환(內憂外患)이 겹쳐 민심은 흉흉하고 백성은 도탄에 빠져 있었다. 또한 극론은 분열되어 친원파(親元派)와 친명파(親明派)로 갈리고 유학파를 중심으로 한 신진세력이 형성되면서 이를 견제하는 수구세력간의 다툼이 격화되고 있었다.

우왕 14년(1388) 3월 지나친 공물(貢物)을 요구하며 철령위(鐵嶺衛)를 설치하는 명(明)나라를 치기 위하여 최영(崔瑩)이 팔도도통사, 조민수(趙敏修)가 좌군도통사, 이성계가 우군도통사가 되어 평양을 떠났다. 그때 이성계는 전술상 어려움을 들어 반대하였으나 받아들여지지 않았다. 그 해 5월에 이성계는 위화도에서 회군하여 왕을 추방하고 최영을 제거한 다음 실권을 잡게 되면서 신진사대부에 의한 적극적인 개혁이 시작되었다. 먼저 권세가의 지나친 토지 과점으로 서민에게 고통을 주고 사회경제가 파탄지경에 이른 상황이라 그들의 농장을 몰수하는 전제개혁(田制改革)인 과전법(科田法)을 공포 시행하였다. 또한 억불정책으로 고려시대 전반을 통해서 커져온 사원(寺院)의 폐해와 승려들의 비행(非行)을 개혁해나갔다.

이와 같은 전환기의 시대 배경 속에서 그가 황주목사로 재직하고 있던 공양왕 3년(1391) 3월, 명에 사신으로 갔던 세자(世子) 석(奭)의 환국을 출영하기 위하여 군권과 정권을 장악한 삼군도총제사인 이성계(李成桂)가 황주로 오면서 이성계와의 만남이 이루어졌는데, 이때 이성계는 그의 사람됨을 알고 간곡하게 협조를 당부하였다. 공민왕 3년(1391) 예문관제학을 거쳐 이듬해 4월 이성계의 요청으로 밀직사에 들어가 좌부대언이 되었다.

이해 7월 17일 고려는 종말을 고하고 문하시중 삼군도총제사(三軍

都摠制使)로 있던 이성계가 조선을 개국하고 태조에 등극하였다. 안경공은 역사의 돌아가는 방향을 가름하고 나라와 백성을 도탄에서 구하는 길을 숙고한 끝에 조선의 개국에 동참하게 되었다. 그리하여 이해 7월 28일에는 익대개국공신(翊戴開國功臣)으로 중추원(中樞院) 도승지(都承旨)에 승진되어 승정원(承政院)의 우두머리로서 공명하게 왕명을 출납(出納)하였고 좋은 정책과 논의를 내어 태조를 보필하였다.

다음 해인 1393년 2월에는 대사헌(大司憲)에 올랐고 동시에 도평의사사(都評議使司)와 보문각학사(寶文閣學士)를 겸하였는데, "일을 처리함에 있어 좌우의 말에 흔들리지 않았고 풍채가 숙연하였다"라는 기록이 남아있다. 같은 해 9월 절제사(節制使)를 겸하여 전라감영(全羅監營)에 부임하였는데, 이때 태조의 탄신일에 쓴 하례(賀禮)의 글이 기록으로 남아 있다. 이듬해(1394) 3월 부친상을 당하여 현직에서 물러나 상복(喪服)이 끝나자 자헌대부(資憲大夫)에 승진되면서 흥녕군(興寧君)에 봉(封)해졌다.

태조가 양위(讓位)한 뒤 태조의 측근이라 하여 한때 외로운 처지에 놓인 적도 있었으나 태조 부자(父子) 사이가 호전되면서 오해가 풀려 태종 6년(1406)에는 판공안부사(判恭安府使)로서 정헌대부(正憲大夫)에 오르고, 판한성부사(判漢城府事)로서 두 차례 숭정대부(崇政大夫)가 되었다.

62세 때인 태종 8년(1408) 자당 경혜택주 광주김씨가 별세하니 장례에 성효(誠孝)를 다하여 극진히 치르어 사람들의 칭송이 자자하였다. 태종 10년(1410) 왕이 송도에 거동할 때 개성유후(開城留後)를 삼았다. 태종 14년(1414) 5월 오랜 가뭄이 계속되자 태종은 그를 한강에 보내어 기우제(祈雨祭)를 지내게 하였다. 태종 16년(1416) 보국숭록대부(輔國崇祿大夫) 집현전 대제학(集賢殿大提學)에 특진되어

## 순흥안씨(順興安氏)

정1품의 품계에 이르렀으며 흥녕부원군(興寧府院君)에 봉해졌다.

그는 마음이 정직하고 행동은 근엄하였으며 표리(表裏)가 한결 같았다. 사람과 사귐에 신의를 지키고 절대로 남의 장단(長短)을 입에 올리지 않았으며, 조정에 나아가 대신이 되었지만 정직과 충간으로 임하고 욕심에 사로잡히는 일이 없었고, 빈틈없이 직책을 수행하고 행동이 장중(莊重)하여 모든 관리의 사표(師表)가 되었다. 만년에는 10년 가까이 한가롭게 생활하면서 담담한 심정으로 자연에 융화되어 달관의 경지에 이르렀다.

세종 3년(1421) 1월 10일, 75세를 일기로 별세하였다. 앞서 병환의 소식이 조정에 알려지자 상왕(上王) 태종과 세종(世宗)이 전의(典醫)를 보내어 치료케 하고 또 중사(中使)를 보내어 문병하였다. 별세했을 때는 조정(朝廷)일을 3일간 정지하여 조의(弔意)를 표하고 시호(諡號)를 양도(良度)라 내렸다. 온순하고 착하여 어진 것을 좋아하는 것을 '양(良)'이라 하고 마음이 능히 의로운 일을 좇는 것을 '도(度)'라 한다.

1월 14일과 16일 두 차례에 걸쳐 태종과 세종은 내관을 보내어 그의 영전(靈前)에 사제(賜祭)하였는데, 세종실록에 실려 있는 제문은 다음과 같다.

"운수(運數)를 도와서 나라를 개국한 것은 신하의 큰 훈공(勳功)이요, 덕을 높이고 공을 갚는 것은 국가의 아름다운 법이니, 비록 죽음과 삶이 갈렸다하여 어찌 은례(恩禮)로 우대하지 아니하리오. 경(卿)은 초피(貂皮)를 타는 문벌(門閥)로 여러 대에 걸친 선비의 집안에 태어나 강직하고 명석한 자질로서 가정의 교훈을 잘 받아서 식견(識見)은 고금에 통달하고 마음은 충성되고 곧았도다. 고려말 도의를 잃어버린 때를 당하여 천운이 돌아가는 곳이 있음을 알고 성조(聖祖)를 돕고 추대하여 큰 기업을 성취하는데 장하게도 뛰어난 공

순흥안씨(順興安氏)

훈이 있으므로 공신으로 기록되었도다, 생각건대 전부터의 덕망이 옛 어진 이들에게 부끄러울 것 없고 중외(中外)로 여러 관직을 역임하여 명예가 높았도다. 아들 있고 손자 있어 충성되고 효성되어 바야흐로 다행히도 4대 동안 밝게 도와 백관의 모범이 되도록 조정에 드러낼 줄 여겼더니, 어찌하여 덕(德) 있는 이를 이 세상에 머물게 아니하고 이렇게도 급하게 빼앗아 가는가? 말이 이에 이르니 슬픔을 어찌 이기랴. 사람을 보내어 변변치 아니한 제물을 베푸노니, 아아, 잘되고 못됨에 마음을 같이 하였고, 처음부터 끝까지 길이 함께 하였으니, 은혜(恩惠)가 슬프고 영화로움에 극진할지라. 어찌 죽고 삶에 다름이 있으랴."

유해(遺骸)는 2월 27일 금천현(衿川縣) 백사동(栢寺洞) 언덕에 장사(葬事)되었고 불천지위(不遷之位), 부조지전(不祧之典)의 왕명을 받게 되어 부조묘(不祧廟)가 세워졌다. 묘비명은 윤회(尹淮)가 지었는데, 그의 평소 성품을 다음과 같이 새겼다.

"공은 사람을 접대하고 물건을 대함에 있어서 정성과 믿음으로 하여 거짓이 없었으며, 마음속에 잘잘못을 모르는 것이 아니로되 입으로 남의 잘잘못을 절대로 논하지 아니하였다. 그 겸손과 덕은 벼슬이 높을수록 더욱 나타났으며, 본래부터 꽃답고 화려함을 싫어하여 검소하길 힘썼다. 만년에는 한가히 거(居)하여 거의 나들이를 하지 않았다. 손이 찾아오면 반드시 술을 대접하여 기쁨을 나누었으나 지나침이 없고 사치는 숭상치 않았다. 언제나 흉금이 담담하여 남과 더불어 다툼이 없었다"고 적었다.

순흥안씨(順興安氏)

근대 인물(近代人物)

## 안창호(安昌浩)

고종 15년(1878) 11월 9일 평남 강서군 초리면 봉상도(도롱섬)에서 안흥국(安興國)의 3남으로 태어났다. 선대는 대대로 평양 동촌(東村)에서 살았으나 아버지 때에 대동강 하류의 도롱섬으로 옮겨왔다. 8세까지 가정에서 한문을 수학하고, 9세에서 14세까지는 강서군 심정리에 머물며 김현진(金鉉鎭)에게 한학을 배웠다. 이때 서당 선배인 필대은(畢大殷)과 알게 되어 그로부터 민족주의 사상을 형성하는 데 큰 영향을 받았다.

1895년 청일전쟁을 계기로 교육을 통해 나라의 힘을 길러야 하다는 생각을 하였다. 그리하여 미국 장로교 선교사인 호러스 언더우드가 경영하는 구세학당(救世學堂)에 입학하여 3년간 수학하면서 기독교인이 되었으며, 서구문물과 접하게 되었다. 구세학당 졸업 후인 1898년에는 미국 유학을 떠나 노동으로 학비를 벌면서 공부하였다.

유학생 신분이던 1905년 을사늑약으로 대한제국의 외교권을 일본이 빼앗자, 1907년 귀국하여 대한 사람은 실력을 길러야 한다고 역설하는 계몽활동을 벌였고, 미국에서의 1905년 의친왕, 정재관(鄭在寬) 등과의 공립협회(共立協會) 창립, 1909년 김좌진과 이갑(李甲) 등의 서북학회 창립 등으로 민족운동을 하였다. 또한 1908년 대성학교를 평양에 설립하였는데, 그 교육방침은 정직하게 살자는 것이었다. 1913년 흥사단을 창립하였으며, 1919년 4월 13일 선포된 대한민국 임시정부의 내무총장에 임명되었다. 1923년에는 만주에서 이상촌 건립을 위해 노력하기도 하였으나 일본의 만주 침략으로 물거품이 되었다. 1930년 상하이에서 한국독립당을 결성하였다가 체포되어 5년간 옥살이를 하였는데, 출소 후 고향에 머무르면서 자신을 찾아오는 사람들을 가르치는 일을 하였다.

1937년 동우회사건으로 체포되어 서대문형무소에 수감되었으며, 이듬해 경성제국대학 부속병원(현재 서울대학교병원)에서 60세를 일기로 간경화로 별세하였다. 시신은 망우리 공동묘지에 묻혔으며, 1973년 도산공원으로 묘소가 이장되었다.

한말(韓末) 이후 일제시대에 이르기까지 우리나라에는 많은 선각적 인물이 배출되었지만 그에게는 보다 남다른 확고한 사상이 있었다. 즉 확고부동한 민족 경륜의 사상이 있었으니 우리가 어떻게 하면 나라를 구할 수 있고 독립과 번영을 쟁취할 수 있는가 하는 구국(救國)의 이론과 방략이 뚜렷하였다. 그는 감정적 흥분이나 비분강개하기에 앞서서 구국의 이론과 방법을 냉철히 연구하고 계획하고 창조해 내는 명철한 철학적 사색력을 가지고 있었다. 그의 구국의 철학은 무실력행주의(務實力行主義)에 의한 민족개조(民族改造) 사상이요, 인격혁명(人格革命)과 자아혁신(自我革新)을 내용으로 하는 이른바 흥사운동(興士運動)이었다.

이렇게 안창호는 자신의 사상과 신념과 비전을 바탕으로 구국의 이론과 방안을 가지고 있었기 때문에 고난 속에서도 결코 실망하지 않았고 시련 속에서도 절대로 낙심하지 않았다. 그리고 마지막 날까지 불사조의 신념과 의지를 가지고 민족정신의 수호자요, 화신으로서 줄기찬 항일투쟁의 생애를 마쳤다. 또 그럼으로써 실망 속에 빠진 동지들에게 언제나 밝은 희망을 주었고 방향을 상실한 국민에게 명확한 비전을 던질 수 있었다.

그의 사상은 남의 이론이나 지식에서 따온 것이 아니고 그가 독립운동을 통해서 스스로 체험하고 사색한 것을 토대로 하여 몸소 창조해 낸 독자적인 것이었다. 그는 고등교육을 받지도 못했고 중학교도 제대로 마치지 못했다. 그는 어려서 한학을 공부했고 교육학을 공부하기 위해서 미국에 갔었다. 그러나 당시의 다급한 역사적 정치적 정세는 그로 하여금 조용히 공부할 기회를 주지 않았다. 그는 노동하고 사무를 보고, 독립운동에 동분서주하고 수년의 옥고를 겪었다.

안창호의 사상은 이러한 직접적 체험과 허다한 고난 속에서 다듬어진 사상이다. 그의 사상에는 그의 눈물이 스며 있고, 고뇌의 한숨이 깃들어 있고, 뜨거운 정성의 맥박이 배어 있다. 어떻게 하면 우리가 민족의 독립을 얻고 잘 살 수 있을까 하는 구국의 일념이 그로 하여금 민족 경륜의 사상을 낳게 했던 것이다. 이렇듯 그의 사상은 독립운동의 실천 속에서 우러나온 것이기 때문에, 그의 사상은 사람을 움직이는 강한 생명력이 있고 구국의 이론으로서 불멸의 가치와 빛을 발했다.

자아혁신이 곧 민족 혁신이요, 내가 나부터 개조하는 것이 개조의 가장 확실한 방법이요, 서로 사랑하기를 정의로써 하고 수양을 두텁게 하는 것이 곧 구국의 길과 통하며, 나 자신이 건전한 인격을 갖추는 것이 곧 애국이라고 주장한 것 등은 모두가 그의 사상적 특색이다.

그는 자기의 사상이 민족경륜의 철학이라고 굳게 믿어 죽는 날까지 몸소 부르짖고 실천했다. 자기사상을 꾸준히 정성껏 실행한 실천가로서의 면모는 곧 흥사단운동으로 나타났으니, 흥사단운동은 그이 사상의 구체적 결정체였다. 흥사단이 창립된 것은 1913년 안창호가 36세 때의 일이다. 그는 61세에 순국할 때까지 흥사단운동에 심혈을 기울였다. 혁명의 이론이 없는 곳에 혁명의 행동이 있을 수 없으며 독립의 사상이 없는 곳에 독립의 실천이 있을 수 없이 그 요체였다.

순흥안씨(順興安氏)

 1937년 흥사단의 자매기관인 수양동우회(修養同友會) 사건으로 붙들려 검사정에 섰을 때, 검사가 안창호에게 "너는 민족운동을 그만 둘 생각이 없는가?" 하고 질문을 던졌다. 이때 안창호는 "그만 둘 수 없다. 나는 평생에 밥을 먹는 것도 민족을 위해서요. 잠을 자는 것도 민족을 위해서다. 내가 숨을 쉬는 동안 나는 민족운동을 하는 사람이다" 라고 단호히 대답했다.

 그는 사람이 인간으로서 어떻게 살고, 어떻게 마음과 몸을 간직하고, 어떻게 일과 사람을 대해야 하는가를 가르쳐 준 스승이었다.

 첫째로 안창호는 '참, 성(誠)'의 인간이었다. 그가 가장 미워한 것이 거짓이요, 그가 가장 사랑한 것이 진실이다. 그의 인격은 참의 인격이요, 그의 철학은 진실의 철학이다. 저마다 참되기를 힘쓰고 한 민족을 참된 민족으로 만들자는 것이 그의 숙원이었다. 그가 평양에 대성학교(大成學校)를 세우고 청년 자제들을 교육할 때도 '참, 성(誠)'이 그 교육이념이었다.

 "어떠한 역경에서도 거짓이 없어라."

 "농담으로라도 거짓을 말아라. 꿈에라도 성실을 잃었거든 통회(痛悔)하라."

 안창호는 학생들에게 이것을 요구했다.

 '저마다 '참'의 공부를 하자, 온 국민이 진실한 인간이 되기를 힘쓰자, 이것이 곧 나라를 구하는 길이다.' 그는 늘 이렇게 생각하였고 또한 실천하였던 것이다.

 "아아, 거짓이여, 너는 내 나라를 죽인 원수로구나, 군부의 원수는 불공대천이라 하였으나 내 평생에 다시는 거짓말을 아니하리라."

 "네 가죽 속과 내 가죽 속에 있는 거짓을 버리고 '참, 성(誠)'으로 채우고자 거듭 거듭 맹세합시다."

 "나라 일은 신성한 일이오. 신성한 일을 신성치 못한 재물이나 수단으로 하는 것은 옳지 아니하오."

'거짓이 협잡을 낳고 협잡이 불신을 낳고 불신에서 모든 불행이 생긴다. 그러므로 우리나라를 망친 최대의 원인의 하나가 거짓 때문이다' 라고 그는 생각했다. 그의 참을 사랑하고 거짓을 미워하는 정신은 무실(務實)과 충의의 덕목으로 표현되었다.

둘째로 안창호는 '사랑'의 인간이었다. '저마다 사랑을 공부하자, 서로 사랑하는 공부, 나라를 사랑하고 동지를 사랑하고 일을 사랑하는 공부를 하자'는것이 그의 소원이었다. 그가 쓴 글 가운데 '유정(有情)한 사회와 무정한 사회'라는 글이 있다. 그는 우리 사회를 무정한 사회라고 규정하고 저마다 유정한 사회를 건설하기에 온 정성을 기울이자고 외쳤다. 삭풍처럼 찬바람이 도는 냉랭한 사회를 춘풍처럼 훈훈하고 따뜻한 사회로 만들려는 것이 그의 염원이었다.

"너도 사랑을 공부하고 나도 사랑을 공부하자. 남자도 여자도, 우리 2천만이 다 같이 사랑하기를 공부하자. 그래서 2천만 한민족은 서로 사랑하는 민족이 되자."

"왜 우리 사회는 이렇게 차오. 훈훈한 기운이 없소. 서로 사랑하는 마음으로 빙그레 웃는 세상을 만들어야 하겠소."

"미약하나마 동포끼리는 무저항 방식을 쓰자. 때리면 맞고, 욕하면 참자. 동포끼리만은 악을 악으로 대하지 말자. 오직 사랑하자."

"세상에 마음 놓고 믿는 동지가 있다는 것처럼 행복한 것이 또 어디 있으리오."

"서로 사랑하면 살고, 서로 싸우면 죽는다."

안창호는 동포에 대해서 언제나 긍휼히 여기는 마음과 측은히 생각하는 정신을 길러야 한다고 강조했다. 상쟁(相爭)의 세계에서 상애(相愛)의 세계로, 무정한 사회에서 유정한 사회로, 불신의 사회에서 신의의 사회로 가자는 것이 그의 비원이었다. 그는 정의돈수(情

誼敦修)를 강조했다. 저마다 '정의돈수'를 힘써서 한국 사회를 화기 있는 유정한 사회로 만들어야 한다고 생각하였다. 언제나 우리가 힘쓰고 수양해야 할 덕목으로서 '정의돈수'를 외쳤고 그것을 정성껏 실천했다.

특히 그의 동지애는 유별하였다. 동지에 대해서는 물질과 사랑과 정성을 아끼지 않았다. 민족독립운동을 하다가 반신불수의 몸이 되어 북만주에 망명한 뒤 여사(旅舍)에서 병으로 신음하는 불우한 동지 이갑(李甲)에게 그가 약값과 치료비 천 달러를 보내느라고 운하공사의 인부가 되어 수개월 동안 노동에 종사한 모습은 실로 눈물겨운 동지애의 발로요 본보기였다. 이 때 안창호의 부인은 삯빨래를 해서 그 돈을 보태기도 했다.

그는 만년에 평양에서 50리 떨어진 대보산에 조그만 산장을 짓고 살았는데 이것이 송태산장이다. 그는 송태산장 입구에 문을 세우고 '빙그레' 또는 '벙그레'라고 간판을 써 붙였다. 이 집으로 들어설 때에는 누구든지 빙그레 또는 벙그레 웃으라는 뜻이다. 그는 한국의 요소 요소에 사람이 많이 모이는 곳마다 '빙그레'라고 써 붙이고 조각이나 회화로 빙그레 웃는 모양을 아름답게 만들어서 전국에 미소운동을 일으켜야겠다고 생각했다.

안창호는 영어의 스마일(smile, 미소)이라는 말을 좋아했다.

"갓난애의 방그레" "늙은이의 벙그레" "젊은이의 빙그레", 모두 아름다운 표정이다. 빙그레 웃는 민족을 만들자. 저마다 흐뭇한 마음으로 빙그레 얼굴을 가지자."

이것이 그가 그리는 새 민족의 모습이었다. 어떤 사람이 안창호를 평하여 "그 분의 정성과 사랑이라는 것은 기독교의 예수나 가히 할 수 있으리라고 믿습니다"라고 하였다. 그러한 인상을 줄만큼 그는 인자하고 자비스러웠다.

셋째로 안창호는 근엄한 극기수양의 인간이었다. 그는 생각하는 것, 말하는 것, 행하는 것, 모두가 근엄했다. '무심코' '아무렇게나' 또는 '되는대로'를 미워했다. 안창호야말로 언제나 자기를 삼가는 신독의 수양인이었다. 그는 참되고 높고 완전한 인격의 경지를 향해서 부단히 자기를 반성하고 정성껏 수양하고 쉼 없이 훈련했다.

그는 사람을 대할 때 언제나 자세를 바로 하여 어지러이 하는 일이 없었다. 앉을 때에는 늘 정좌했고, 걸음을 걸을 때에는 바르게 걸었고, 혼자 있을 때에도 몸가짐을 조심했다. 말이나 행동에 결코 탈선이 없었고 예의에서 벗어나는 일이 없었다. 무슨 일에나 절도가 있었고 질서가 있었다. 술과 담배를 하여도 지나쳐서 취기를 나타내는 일이 없었다. 그는 결코 호걸 남아가 아니었지만 근엄과 정성으로 일관된 고결한 도덕적 인격자였다.

사람들이 우리나라에는 뛰어난 인물이 없다고 저마다 개탄을 하니, 그는 이에 대해서 다음과 같이 대답했다.

"왜 우리 가운데에는 인물이 없는가? 우리 가운데에 인물이 없는 것은 인물이 되려고 마음먹고 힘쓰는 사람이 없는 까닭이다. 인물이 없다고 한탄하는 그 사람 자신이 왜 인물 될 공부를 아니하는가?"

"천병만마(千兵萬馬)를 쳐 이기기는 오히려 쉬우나 내 습관을 이기기는 어려운 일이니, 우리는 이 일에 일생동안 노력해야 한다."

이와 같이 안창호는 언제나 극기수양하고 우리 서로가 인물 되는 공부를 꾸준히 해야 한다고 주장했고 또 실천한 인물이었다.

춘원(春園) 이광수(李光洙)는 상해에서 2년 동안 안창호를 모시고 있었는데, "그가 나라 일로 우는 것은 보았지만, 노하는 것은 한 번도 보지 못했다"고 회고한 일이 있다.

남경에서 독립운동을 하던 때 안창호를 간절히 사모하던 혁명동지의 어떤 여인이 사랑의 정열을 억제하지 못하여 밤에 그의 침실에 뛰어든 일이 있었다. 그 때 안창호는 아버지다운 위엄 있는 음성으로 그 여자의 이름을 부르면서 타이르기를, "무엇을 찾소? 책상 위에 초와 성냥이 있으니 불을 켜고 보오" 라고 천연스럽게 말했다. 안창호의 음성과 어조에 여인은 사랑의 정열에서 깨어나 그의 말대로 초와 불을 켜고 잠깐 섰다가 방을 나왔다. 얼마 후에 그는 그 여인에게 그 정열을 조국의 독립과 발전을 위해 바치라고 타일렀다.

"나는 조국을 애인으로 삼고 조국을 남편으로 섬기겠습니다."

여인은 안창호 앞에서 이와 같이 맹세하고 유럽으로 유학의 길을 떠났다.

안창호는 독립운동으로 동분서주하였기 때문에 부인과 같이 지낸 기간은 불과 몇 년에 지나지 않았으니 거의 독신 생활을 한 셈이다. 그러나 여자관계, 금전문제 등에 청교도적인 금욕주의 생활을 하였다.

안창호는 또 민주적 지도자의 본보기였다. 그는 신념의 인간이었지만 고집의 인간은 결코 아니었다. 그는 자기주장을 남에게 강요하는 일이 없었다.

"내가 한 옳음이 있으면 남에게도 한 옳음이 있는 것을 인정하여서, 남의 의견이 나와 다르다 해서 그를 미워하는 편협된 일을 아니하면 세상에는 화평이 있을 것이다. 우리나라에서는 예로부터 나와 다른 의견을 용납하는 아량이 없고 오직 저만 옳다하므로 그 혹독한 당쟁이 생긴 것이다. 나도 잘못할 수 있는 동시에 남도 옳을 수 있는 것이거든, 내 뜻과 같지 않다 해서 이를 사문난적이라 하여 멸족까지 하고야 마는 것이 소위 사화요, 당쟁이었으니 이 악습이 지금까지도 흐르고 있다. 그러므로 우리는 서로 사상의 자유, 언론의 자유를 인정하고 존중하여야 한다. 비록 의견이 다르다 하더라도 우정과 존엄에는 변함이 없음이 문명국민의 본색일 것이다."

"모진 돌이나 둥근 돌이나 다 쓰이는 곳이 있는 법이니, 하물며 다른 사람의 성격이 나와 같지 않다 하여 나무랄 것이 아니다."

우리는 이러한 말에서 안창호의 민주적 사고방식을 엿볼 수 있다. 그는 60평생을 구국운동에 바쳤다. 아내에게 치맛감을 한 번 사준 일이 없고 자식에게 연필 한 자루를 사 줄 겨를도 없이 민족독립에 전 생명을 바쳤다. 자기 한 몸의 행복과 가정의 안락을 전혀 돌보지 않고 구국에만 여념이 없었던 그는 사생활에 있어서나 공생활에 있어서나 비난할 데가 없는 인물이었다.

그는 7세 때 아버지를 여의고 조부의 슬하에서 자라며 고향에서 한학을 공부하였다. 그의 명민한 천성은 어려서부터 빛났으니 동리 사람들은 모두 놀라며 그의 앞날을 촉망했다. 그가 17세 때 청일전쟁(1894~95)이 일어났는데 평양에서 일본군과 청나라군이 전쟁하는 것을 보고 의아한 생각을 가졌다. '일본과 청국이 싸우면 싸웠지 왜 한국 땅에 와서 싸우는가?' 여기에서 소년 안창호는 하나의 결론을 얻었다.

"그것은 우리에게 힘이 없기 때문이다. 타국이 마음대로 우리 강토에 들어와서 싸움을 벌이는 것은 우리나라에 힘이 없는 까닭이다. 힘이 없고 이름만 있는 한국. 그렇다. 힘이다. 힘을 기르자. 먼저 힘을 길러야 한다."

안창호의 사상은 힘을 기르자는 사상이다. '어떻게 하면 민족의 힘을 기를 수 있을까?' 그는 일생 동안 이것을 생각했다. 그 결론이 곧 인격혁명과 단결훈련을 통한 민족개조사상이요 흥사단운동이었다.

소년 안창호는 스스로 힘을 기르기 위해서 17세 때 서울에 올라와 구세학당(救世學堂)에 입학하여 기독교 사상을 배우고 교인이 되었다. 당시 힘없는 한국은 열강세력의 정치적 침략과 경제적 지배의 대상이 되기 시작했다. 일본, 러시아, 중국, 미국 등이 서로 다투어 가며 한국을 노렸다. 이러한 풍전등화 같은 민족의 위기를 당하여 한국 민족은 스스로의 자각과 단결과 힘을 강조하는 근대화의 의식이 싹트기 시작했다.

그 선봉이 서재필의 독립협회였다. 김옥균(金玉均), 박영효(朴泳孝) 등과 같이 갑신정변(甲申政變)을 거사했다가 실패하여 망명했던 서재필이 십여 년 만에 미국에서 돌아와 독립신문을 발행한 것이 1896년 4월이요, 그 해 7월에 독립협회가 탄생하였던 것이다. 사대의 배척, 민족의 독립, 국민의 자각, 서정일신(庶政一新)의 근대화운동이 여기서부터 출발했다. 그리하여 우리 역사상 처음으로 연설회라는 것이 열리고 자유라는 말이 등장했다.

1896년 독립협회의 설립은 우리의 근대화를 고하는 중요한 역사적 사건으로서, 안창호가 독립협회에 가입한 것은 1897년, 그가 20세 때였다. 독립협회는 그 후 확대되어 만민공동회가 되었다. 20세의 그는 평양 쾌재정(快哉亭)에서 만민공동회의 발기회를 열었다. 평양감사 조민희(趙民熙)를 비롯하여 수백 명의 고관 인사들을 앞에 놓고 머리 깎은 청년 안창호는 일대 응변을 토했다. 이것이 안창호의 명성을 관서 일대에 널리 떨치게 한 유명한 쾌재정의 응변이다. 그의 응변을 듣고 모두들 인물이 나왔다고 기뻐하였다. 열여덟 조목의 쾌재와 열여덟 조목의 불쾌를 들어 구습과 악정을 비판하고 새 시대의 도래와 새로운 민중의 자각을 외친 이 응변은 후일 민족의 등불이 될 안창호를 약속해 주는 한 사건이었다.

이때 독립협회에서 활동한 회원 중에는 이상재, 이승만 등이 있었는데 독립협회와 만민공동회는 구세력의 사주를 받은 보부상(褓負商)의 습격과 정부의 탄압으로 지리멸렬의 상태에 빠지고 서재필은

순흥안씨(順興安氏)

다시 미국으로 망명의 길을 떠났다. 이에 청년 안창호는 실패의 고배를 마시고 고향으로 돌아와서 점진학교(漸進學校)를 세웠다. 안창호는 교육자로서 교육에 온 정열과 지성을 기울였거니와 그 위대한 싹은 이때부터 나타났던 것이다. 점진학교는 물론 초등교육 기관이었지만 우리나라 사람의 손으로 세워진 최초의 남녀공학인 사립학교였다.

이 '점진'이라는 명칭은 특히 의의가 있는 것으로, 즉 '점진'은 조금씩 꾸준히 앞으로 나아간다는 뜻이다. 따라서 민족의 힘을 기르자는 도산정신의 첫 표현이 곧 점진학교인 것이다. 그가 친히 지은 교가 속에는 민족의 힘을 기르자는 도산의 점진주의의 정신이 잘 나타나 있다.

"점진 점진 점진 기쁜 마음과 점진 점진 점진 기쁜 노래로 학과를 전문하되 낙심 말고 하겠다 하세 우리 직무를 다"

안창호는 애국자의 사표가 될 것을 스스로 기약하고 60평생에 나날이 새로운 점진 공부를 계속했다. 높은 데를 향해서, 진실한 인격을 향해서 꾸준히 점진한 그는 드디어 자기를 민족의 지도자로 육성하였던 것이다. 티끌 모아 태산이요, 공든 탑은 무너지지 않는다. 아무 일이나 갑자기 힘이 생기는 것은 아니다. 세상에는 요행과 기적이 없는 것이다. 이러한 데서 무슨 일에나 점진적으로 꾸준히 나아가려는 그의 정신과 태도는 참으로 건전하고 착실한 성공의 방법이 아닐 수 없다.

안창호가 새로 결혼한 부인과 함께 태평양을 건너 미국 샌프란시스코에 내린 것은 1902년, 그가 25세 때의 일이다. 그는 남의 집 고용인이 되어 생계를 유지하는 한편 어학을 공부하기 위해서 미국인 학교에 입학했다. 그러나 미국에 이민한 동포들의 참상은 그로 하여금 학업에 전념할 여유를 주지 않았다. 그는 교포의 조직과 훈련을 위해서

단연 학업을 중단했다.

하루는 샌프란시스코의 가두에서 한국인 두 사람이 상투를 마주 잡고 싸우는 광경을 미국인들이 재미있게 둘러서서 보고 있는 것을 보았다. 그는 즉시 그들의 싸움을 말리면서 그 연유를 물었다. 그랬더니 인삼장사를 하는 이 한인 교포들은 협정한 판매지역을 서로 범했다는 것이었다. 이 한국인들의 싸움을 본 것이 동기가 되어 안창호는 재미동포들을 문명한 독립국민의 자리에까지 끌어올리는 일에 전력하기로 결심했다. 동포의 생활 향상에 전심하기를 스스로 맹세한 그는 그 날부터 이 일에만 골몰하였다.

안창호는 매일 몇 사람씩 호별 방문하여 집집마다 마당을 쓸고 변소를 소제하고 창을 닦고 마루를 훔치며, 창가에 커튼을 치고 정원에 꽃을 심는 등 청소와 정돈과 미화에 힘을 썼다. 처음에는 모두 그를 미친 사람으로 생각했으나 그의 정성과 높은 뜻에 감명되어 드디어 그의 지도에 따르게 되었다. 동포들은 어느새 면도를 자주하고 의복에 때가 없도록 하게 되고, 담화도 이웃에 방해가 안 되도록 나지막한 소리로 하게 되고, 이웃 사람이 싫어하는 냄새나 음성이나 모양을 안 보이려고 애를 쓰게 되었다. 안창호의 지도와 노력으로 교포의 생활혁명이 일어난 것이다.

하루는 샌프란시스코의 한 미국인 부호가 한국인에게 "당신네 나라에서 위대한 지도자가 왔소? 당신네 한인들의 생활이 일변하였소. 위대한 지도자가 없이는 이렇게 될 수 없소"라고 말했다. 그 미국인은 안창호라는 사람이 1년 동안 지도했다는 말을 듣고 곧 그를 만나보길 원했다. 미국인은 안창호를 만나보고는 그가 백발노인이 아니고 새파란 청년임을 알자 더욱 놀랐다. 그리고 그 공적에 감사하는 뜻을 표하기 위해 그가 한국인을 지도하는 데 사용할 회관 하나를 무료로 제공했다.

안창호는 미국에서 교포들에게 협동정신과 준법정신의 훈련을 특히 강조했다. 그는 한국인의 친목회와 노동 캠프를 세우고 공립협회(다음해 국민회로 개칭함)를 만들고 공립신문을 창간하여 동포의 조직과 지도에 전력했다. 이 결과 교포의 생활은 날로 향상되고 경제는 더욱 번영했다. 안창호는 미국 과수원에서 귤을 따는 교포들에게 입버릇처럼 이야기했다.

"미국의 과수원에서 귤 한 개를 정성껏 따는 것이 나라를 위한 일이오."

귤 한 개를 따도 자기 일처럼 정성껏 따라고 훈계한 그의 지성일관한 인생태도에 교포들은 모두 감동하였다. 이와 같은 진실정신이 곧 '도산정신'의 핵심이었던 것이다.

1906년 29세의 안창호는 노일전쟁 후 을사조약의 체결을 보고 구국운동을 전개하기 위해 4년 만에 조국으로 돌아왔다. 그는 그 후 1910년 조국이 일본제국주의에 병탄(倂呑)되기 4개월 전 미국으로 망명의 길을 떠날 때까지 약 3년 동안 종횡무진한 활약을 하였다. 그의 역량은 다방면에 걸쳐 유감없이 발휘되었다. 이갑(李甲), 양기탁 등 쟁쟁한 애국청년지사들과 정치적 비밀결사인 신민회(新民會)를 조직하여 구국운동을 전개하는 한편 전국을 순회하며 애국 연설로 민중을 각성 계몽하였다.

특히 안창호는 교육에 의한 민중의 계몽지도와 산업진흥에 의한 민족자본의 육성을 강조하였는데, 그 구체적 표현이 대성학교 및 청년학우회의 창건과 마산동도자기회사의 설립이다. 대성학교란 이름이 또한 안창호다운 특색을 가장 잘 나타낸 것으로, 즉 그는 점진적 방법으로 대성하는 인물을 양성하여 민족독립의 중심 세력을 구축하려고 했던 것이다. 그리하여 그의 인격과 사상을 앙모하여 전국에서 뜻있는 청년들이 대성학교로 모여들어 그의 깊은 감화와 훈도를 받았다. 대성학교는 한일합병으로 2년 만에 없어지고 말았지만 진실한 정신, 거짓 없는 인품, 건전한 인격을 갖추는 애국청년의 양성을 목표로 한 이 학교는 민족주의와 독립사의 빛나는 전당으로서 중대한 역사적 의의를 갖는다.

실국과 비극의 1910년 봄, 그는 다시 해외망명의 길을 떠났다. 만주에 독립운동의 근거지를 만들려고 고심 획책했으나 자금 문제로 뜻을 이루지 못하고 할 수 없이 시베리아와 유럽을 횡단하여 대서양을 건너 다시 미국 캘리포니아주에 도착한 것이 1911년이었다. 미국에서 안창호는 신한민보를 창간하는 한편 대한인국민회를 조직하고 각 지방 지부를 하와이, 시베리아, 만주 등지에 두어 재외동포를 단일한 조직으로 통일함으로써 후일 독립운동의 기초로 삼으려고 하였다. 하지만 결국 지역적 파쟁과 정치적 정세가 여의치 않아 이 계획은 실패로 돌아가고 말았다.

안창호의 일생에서 가장 괄목할만한 사건은 1913년 흥사단을 조직 창립한 일이다. 흥사단은 민족대업의 기초 작업을 위한 기관으로서 독립운동을 위한 실력을 양성하려는 조직이요, 또 그의 사상의 결정체였다.

첫째로 안창호는 다년간의 구국운동에서 우리 민족의 고질이 지역적 파쟁과 분열에 있음을 통감했다. 이에 그는 우리에게는 협동과 단결이 가장 중요하다는 것을 느꼈다. 그리하여 흥사단을 조직할 때 팔도의 대표 여덟 명으로 구성하여 지방적 파쟁의식을 극복하려고 애썼다.

둘째로 무슨 일을 할 때에나 뒤에서의 수고는 내가 하고 공은 남에게 돌린다는 것이 안창호의 사상 철학이었다. 흥사단은 그가 만든 조직이지만 그는 흥사단 조직에서 자기의 이름을 내세우지 않았다. 수고는 내가 하고 공은 남에게 돌린다는 그의 정신은 상해 임시정부 조직의 경우에도 잘 나타났고, 대성학교 설립의 경우에도 나타나 있다.

 셋째로 한국인이 조직한 단체로서 반세기의 역사를 갖는 것은 오직 흥사단 뿐이라는 점이다. 우리나라 인물 중에서 조직의 필요, 조직의 원리와 방법을 체험하고 알고 그것을 구현한 인물이 안창호다. 흥사단이 일제의 탄압과 된서리를 맞으면서 50여년의 명맥을 이어 왔다는 사실은 파쟁과 분열이 심한 한국사회에서는 참으로 드문 일이 아닐 수 없다. 그것은 실로 그가 구상한 흥사단의 근본이념과 조직원리가 비범하고 투철했기 때문이다.

 1919년 3.1독립 운동이 일어나자 안창호는 곧 상해로 건너갔다. 상해에는 수많은 독립운동 지사들이 모여들었으나 지방적 파벌의식과 사상의 차이와 군웅할거의 소영웅주의로 대립과 분열을 일으켜 협동과 통일을 이루기가 어려웠다. 이러한 속에서 자기를 내세우지 않고 인화를 도모하고 대의를 위한 대동단결을 주장한 이가 안창호다. 상해 임시정부 시절의 그의 일기를 보면, 성과 열을 다하여 동분서주하면서 국사를 끝까지 성공시켜 보려고 심혈을 기울인 눈물겨운 모습을 볼 수 있다. 그는 대한민국 임시정부의 내무총장, 국무총리의 대리를 역임하다가 임시정부 각원(閣員)을 사임하고 국민대표회를 주장했으나 공산주의자들의 계략으로 결렬되고 말았다.

 1928년 그는 민족운동의 강력한 중심체를 만들기 위해서 한국독립당을 창립하고 대공주의(大公主義)를 발표하였다. 이때 그는 독립할만한 힘과 준비가 안 되어 있기 때문에 아직 독립이 불가능하다는 것을 알았다. 그리하여 준비와 계획과 실력이 없는 즉흥적 독립운동을 지양하고, 산업과 교육을 일으켜 부력(富力)과 문화를 증진시켜 독립할 수 있는 힘을 기르는 도리 밖에 없다고 생각하였다. 그는 또 국내에서 장차 일어날 독립운동의 근거지를 마련하고 권토중래할 준비를 해야겠다고 생각했다. 이것이 그의 이상촌 설립의 구상이며,

그 준비의 일환으로서 흥사단 원동(遠東) 위원부를 설치하고 그 사이에 미국을 다시 왕래하고 북만주를 시찰하였다. 1925년 동아일보에 발표된 '동포에게 고하는 글(갑자논설이라고도 함)'은 그의 치밀한 독립운동 방략의 제시와 독립운동의 원대한 방안 및 계획의 표현으로 빛나는 것이었다.

그가 55세 되던 1932년에 윤봉길(尹奉吉) 의사에 상해 흥구공원 사건이 있었는데, 이때 안창호는 일본경찰에 체포되어 대전 감옥에서 4년간의 옥고를 치렀다. 출옥 후 그는 전국을 순방했으나 이르는 곳마다 경찰의 미행과 간섭으로 언론의 자유를 박탈당했다. 이에 안창호는 자기 고향에 가까운 대보산(大寶山) 송태(松笞)에 손수 설계하여 산장을 짓고 은거하고 말았다.

1937년 중일전쟁이 발발하기 1개월 전에 일본은 한국의 민족주의자를 모조리 검거했다. 이때 그도 흥사단의 국내조직체인 수양동우회의 동지들과 함께 다시 투옥되었다. 그러나 위병과 간장병으로 보석 출감되어 서울대학병원에서 입원 치료하던 중 61세로 운명하였다. 이리하여 민족의 거성인 안창호는 갔다.

1913년 5월 13일 도산(島山) 안창호(安昌浩)가 미국 샌프란시스코에서 창립한 민족운동단체.

도 대표를 창립위원으로 하여 조직되었는데, 경기도 홍언(洪焉), 충청도 조병옥(趙炳玉), 경상도 송종익(宋鍾翊), 전라도 정원도(鄭源道), 평안도 강영소(姜永韶), 함경도 김종림(金宗林), 황해도 민찬호(閔燦浩), 강원도 염만석(廉萬石) 등 미국유학 중인 청년학생이 중심이 되었다.

흥사단의 궁극적인 목표는 민족부흥을 위한 민족의 힘을 기르는 데 있고, 힘을 기르기 위해서는 덕(德), 체(體), 지(知)의 3육(三育)을 동맹수련(同盟修練)해야 하며, 국민 모두가 민족사회에 대한

주인의식을 가져야 한다고 했다. 흥사단에서는 다음과 같은 힘의 3대 원칙을 주장한다. ① 자력주의 : 우리가 믿고 의지할 것은 우리의 힘뿐이라는 원칙 ② 양력주의(養力主義) : 힘은 기르면 자라고 기르지 않으면 자라지 않는다는 원칙 ③ 대력주의 : 큰 힘이 있으면 큰일을 이룰 수 있고, 힘이 작으면 작은 일밖에 이루지 못한다는 원칙을 말한다.

또 국민 개개인이 건전한 인격자가 되기 위하여 4대 정신으로 무장할 것을 주장한다. ① 무실(務實) : 율곡(栗谷)이 지은 『격몽요결(擊蒙要訣)』 속의 「논무실위수기지요(論務實爲修己之要)」라는 제하에서 처음으로 사용된 용어로, 참되기 운동, 거짓말 안 하기 운동이다. ② 충의(忠義) : 사물이나 일을 대할 때에는 정성을 다하며, 사람을 대할 때에는 신의와 믿음으로 대하여야 한다. ③ 용감 : 옳음을 보고 나아가며, 불의를 보고 물러서지 않는 용기를 말한다. ④ 역행(力行) : 행하기를 힘쓰자는 뜻으로 실천의 중요성을 가르치는 것이다.

일제강점기하의 흥사단과 흥사단우들은 안악사건, 105인사건, 3·1운동, 동우회 사건 등에 연루되어 옥고를 치르는 등 독립운동에 직접 간접으로 참여하였으며, 1926년에는 월간지 『동광(東光)』을 창간하여 1933년까지 40호를 속간하기도 하였다. 1912년 창간의 신한민보도 흥사단의 경영으로 국민교육과 계몽에서 일익을 담당하였다. 1949년 본부를 국내로 이전하고 미국본부를 미주위원회로 개칭, 1961년 5·16군사정변 때까지 '금요강좌'와 『새벽』지를 통한 사회교육에 진력하였다.

1963년 9월 이후 전국 대학생, 고등학생을 대상으로 하는 아카데미 사업과 금요강좌, 전국순회강연, 월간 『기러기』 간행과 기타 출판사업 등을 통하여 국민정신과 민족혼을 불러일으키는 일에 전념

해왔다. 현재 흥사단은 본부를 서울특별시 종로구에, 지부를 서울특별시를 포함하는 10개 시도에 두고 있으며, 지부는 분회, 분회는 반으로 구성되어 있다. 본부에는 3권 분립에 따라 이사회, 공의회, 심사회가 있으며, 이사회는 상설분과위원회와 사무국을 두고 있다. 또한 전국적으로 50개 대학생 아카데미, 45개 고교생 아카데미 조직이 있으며, 회원수는 단우가 3,000명, 아카데미 회원이 3,500명, 이미 배출된 아카데미 회원수는 10만 명에 달한다. 흥사단의 상징은 기러기인데, 기러기는 민족의 이상, 질서, 단결, 리더십, 청결을 뜻한다.

흥사단의 독특한 의식으로는 단우 상호간에 거수례와 윤회악수가 있으며, 상호간의 호칭은 남녀노소를 불문하고 '군(君)'으로 통일하였다.

## 안중근(安重根)

안중근은 1879년에 황해도 해주 동문 밖에서 출생하였는데 나이 열두 살이던 1890년에 부친 태훈(泰勳, 또는 鎭海)와 같이 신천군(信川郡) 두라면(斗羅面)에 이주하여 일가인 숙부 태현(泰賢). 태건(泰健). 태민(泰敏)과 함께 한 동리에서 살았다. 원래 안중근의 조부 안인수(安仁壽)는 진해군수를 지냈으며 또 부친도 진사의 벼슬을 하였으나 일체 관직에는 봉직하지 않았다.

안중근의 나이 16세 되던 1894년에 전라도에서 학정의 쇄신을 부르짖는 동학농민의 의거가 발생하여 탐관오리를 살육하고 관아의 군고(軍庫) 및 양반부호의 집들을 파괴하여 외세의 배격을 부르짖자, 잠시 동안에 그 세력은 전라도는 물론 경상도, 강원도, 충청도, 경기도에까지 파급되었다. 또한 그 여세가 북으로 번져 황해도 신천에까지 이르게 됨에 지방에서 수천석의 부호로 지내던 안중근의

순흥안씨(順興安氏)

부친은 자기 토지의 소작인을 중심으로 천여 명의 동학진무군(東學鎭撫軍)을 편성하여 험준한 청계동 일대에 진을 치고 난의 평정에 나서서 관군에 가담 협조함으로써 많은 토지와 재산을 지켰다. 이때 소년 안중근은 부친을 따라서 다년간 단련된 용맹성과 놀라운 총술로 동학군을 해산하게 하여 인근 사람들을 놀라게 하였다.

안중근은 26세 되던 해에 집안이 평남 삼화군(三和郡) 진남포(鎭南浦)로 이사하게 되자 가까운 평양으로부터 전해지는 대한매일신보, 황성신문, 제국신보와 샌프란시스코의 공립신보 및 블라디보스톡의 대동공보 등에 의하여 정치사상을 함양하였으며 또 평양에 가서 항일지사 안창호의 연설을 듣고 크게 고무되기도 하였다. 그리하여 그는 기울어져 가는 국운을 한탄하고 외세의 터전이 된 비극의 풍토에서 일제를 비롯한 침략세력에 대항하기로 결심하고 주먹을 불끈 쥐기가 한두 번이 아니었다.

일제의 침략은 그 동안에도 끊임없이 계속되었다. 1905년 11월 10일에는 침략의 원흉 이토오가 특파대사로 파견되어 제2차 한일협약(을사보호조약)의 조인을 강요하였다. 일본 군대의 삼엄한 경계와 포위 속에 덕수궁에서 어전회의가 개최되고 학부대신 이완용(李完用)을 주동으로 하는 을사오적(乙巳五賊)의 기묘한 협조로 그 달 17일에 조인을 하게 되니 이로써 우리나라는 나라의 주권을 완전히 상실하고 만 것이다.

이 기막힌 조약의 체결이 발표되자 언론기관은 일제히 일본 제국주의의 강도적 만행을 규탄하고 전국으로부터 한일협약에 반대하는 상소가 빗발치듯 하였고 애국 시위가 계속되었으며 각지에서 무장 항일봉기가 일어났다. 이 소식이 평안도 진남포에도 전하여지자 안중근과 그의 부친은 격분하였다. 부친은 안중근을 상해에 보내어 협약의 파괴운동을 하려고 했으나 일제의 날카로운 눈초리로 이루지

순흥안씨(順興安氏)

못하자, 벽에다 "내가 어찌 이곳에 편안히 있을 수 있으리오"라 써 놓고 의병을 모으려 하였으나 전부터 종종 앓던 신병으로 끝내 뜻을 이루지 못한 채 세상을 떠나고 말았다.

안중근은 부친의 이러한 우국충정에 더욱 큰 감명을 받아 드디어 분연히 큰 뜻을 품고 쌀쌀한 바람이 부는 11월 17일에 서울에 올라와 합병반대를 표방하여 조직된 우국단체 보안회(保安會)의 문을 두드렸다. 여기서 안중근은 이 단체의 회장과 시국에 대해서 토론하고 구국의 방략에 대한 그의 결의를 단호히 주장하였는데, 다음과 같은 문답을 가졌다.

"우선 침략의 당사자 이토오와 하야시(林權助)를 비롯한 일본과 한국의 관리를 도살하려 하오."

"어떻게 그런 일을 하겠소?"

"내가 이미 장정 20명을 준비하였으니 회중에서 30명만 선발하여 주면 50명의 결사대로서 쉽게 할 수 있소."

그러나 결사(決死)란 소리에 회장 이하 여러 회중이 겁에 질린 듯 묵묵히 있고 그들과의 의견 차이가 조정되지 않자 안중근은 분연히 말하기를, "벌레만도 못한 목숨으로 수천 명의 두령(頭領)을 어찌 맡아 내겠소?" 하고는 그곳에서 퇴장하고 말았다.

고향 진남포에 돌아온 안중근은 다음해에 그곳에서 삼흥학교를 설립하고 청소년의 교육에 전념하며 애국사상을 고취시켰으나 곧 폐쇄당하였다. 그 후 그는 동지를 구하러 이곳저곳을 다녔는데 가는 곳마다 열혈 웅변으로 사람들의 마음을 격동시켰다. 그러나 구국의 거사에 사생을 같이 할 동지를 얻지 못한 안중근에게 있어서 이 시기는 참으로 실망과 울분의 세월이었다. 드디어 그는 블라디보스톡에 가서 그곳에 망명해 있는 우국지사들과 함께 기회를 엿보아 큰일을 성사하겠다고 결심하고 정든 고국산천을 등지고 광활한 대륙을

향하여 떠나기로 하였다.

안중근이 29세 되던 1907년 3월 홍석구(洪錫九) 신부로부터 북간도에 있는 천주고 신부 백모에게 보내는 소개장을 얻어 서울에 이르러 중부 다동 김달하(金達河) 집에 수개월간 기숙하면서 그 동안에 안창호, 조성환(曺成煥), 이동휘(李東輝), 강영기(姜泳璣), 민형식(閔衡植), 이종건(李鍾乾), 유종한(柳宗漢), 김종한(金宗漢) 등의 지사들과 접촉하며 지도를 받은 다음 강영기, 민형식, 이종건이 마련해 준 여비를 가지고 그해 6월에 김동억과 함께 서울을 출발하여 북간도에 이르렀다.

안중근의 구국 투쟁은 러시아령에 와서 비로소 활발히 전개되었는데 그는 가는 곳마다 교육진흥의 필요성과 의병의 의거를 유세하였다. 그는 우선 북간도의 용정촌을 활동의 근거지로 잡았으나 10월경에는 연추를 경유하여 블라디보스톡, 수청 등지를 왕복하면서 동지의 규합에 힘썼다. 블라디보스톡에서 의기상합하는 동지 우덕순(禹德淳 : 連俊)을 만나 이범윤(李範允)을 의병대장으로 추대하고 이범윤을 통하여 러시아 군으로부터 무기를 얻는 한편 지방의 한교(韓僑)로부터 의연금을 모아 백여 명의 의병을 편성하였다. 이제는 러시아 거주의 한인사회에서 안중근을 모르는 사람이 없게 되었다.

드디어 때는 이르러 1908년 7월, 최재형 산하의 동의회(同義會) 및 이범윤 산하의 창의회(彰義會)의 동지들로 규합된 3백여 명의 의병은 제1차로 거병을 하여 먼저 국경지대의 홍의동(洪儀洞)을 습격하였다. 여기서 안중근은 사령관 정제악(鄭濟岳)의 우영장(右領將)이 되고 좌영장(左領將)에는 엄인섭(嚴仁燮)이 되었는데, 적에게 심대한 타격을 주고 총기와 군량을 노획한 후 귀환하여 크게 세력을 떨쳤다. 당시 안중근 부대의 포로가 되었던 이덕칠(李德七)은 "나는 포로가 되어 군수물자를 나르며 안중근 부대를 따라 다녔는데,

그 군대는 군율이 질서정연하고 용감하였으며 세력이 어찌나 강하였던지 일본 수비대는 불과 몇 분 동안의 저항 끝에 완전히 섬멸되었다"라고 술회하였다. 그러나 엄인섭과의 제2차 경흥(慶興) 부근 공격에는 백여 명의 병력으로 적의 수비대를 점령하고 4명의 적병을 사살하고 수명을 포로로 하였으나 곧 수 백이나 되는 적의 대반격을 받아 크게 패하고 생환자 겨우 수명으로 귀환하니 이는 거의 전멸상태였다. 이 때 모두가 의기소침하였으나 안중근은 태연하게 후사를 도모했다.

그는 계속하여 블라디보스톡, 연추를 비롯한 각지에 있는 애국혁명지사, 즉 이상설, 정순만(鄭淳萬), 기산도(奇山度), 이범윤, 최봉준(崔鳳俊), 이경화(李京化), 박춘성(朴春成), 한기수(韓起洙), 김치보(金致甫), 박주선(朴主善), 최기흥(崔基興) 등과 왕래하며 기맥을 통했다. 연추에서는 국민회 또는 일심회 등의 단체를 조직하여 동지를 결속하였고, 블라디보스톡에서는 김기용(金起龍), 엄인섭, 최재형 등과 함께 동의회(同義會)의 핵심요원이 되어 청년들에 애국사상의 고취와 군사훈련을 시키고 또한 일군의 군사 보급로를 교란하고자 하였다.

때마침 친일 미국인 스티븐스가 장인환(張仁煥), 전명운(田明雲) 의사에 의하여 피살된 소식이 전하여지자 안중근은 무릎을 치며 큰 소리로 "장하구나, 두 의사여. 제2의 장인환, 전명운 의사가 나올 것이다"라고 외치고 두 의사의 의거를 경모하는 기부금을 모집하여 보냈다.

1909년 3월 2일 연추 부근 거리에 있는 안중근의 집에 12명의 동지가 모여 안중근을 중심으로 비장한 구국의 방략을 의논했다.

"동양의 평화가 유지될 때까지는 천신만고를 다 하더라도 국사에 진쇄하여야 하오."

순흥안씨(順興安氏)

"우리 이 자리에서 하늘에 맹세합시다."

어느새 누가 준비하였는지 칼이 번쩍이는 찰나, 안중근의 왼손 무명지가 떨어지고 거기에서 흐르는 피로 태극기에 '대한독립만세'라는 여섯 글자를 써내려갔다. 그 뒤를 따라서 김기룡, 유치자(劉致玆), 박봉석(朴鳳錫), 엄인섭, 김태훈(金泰勳), 백낙금(白樂金), 강기순, 강두찬(姜斗瓚), 황길병(黃吉丙), 김백춘(金伯春), 김춘화(金春華) 등이 맹세를 끝냈다. 이리하여 피로써 구국의 신념을 다짐한 단지회가 이루어져 안중근과 엄인섭은 침략의 원흉 이토오를, 김태훈은 망국대신 이완용의 암살 제거를 각각 맹세하고, 3년 이내에 성사치 못하면 자살로써 자기의 무능과 국가의 죄인됨을 속죄키로 약속하였다.

안중근이 함경도 방면을 탐색하기 위하여 10월에 연추에 이르러 최재형을 방문하였을 때이다. 황해 의병 수령인 이석산(李錫山)이 많은 돈을 가지고 총기를 사러 블라디보스톡에 올 것이라는 소식을 듣고 그는 다소의 군자금을 얻기 위하여 블라디보스톡으로 막 떠나려고 하였다. 이때 마침 한 장의 전보가 전달되었는데 지체 없이 오라는 내용이었다. 그래서 급히 블라디보스톡에 이르니 대동공보 편집국장 유진률(兪鎭律), 주필 이강(李剛), 그리고 우덕순 등이 원동보(遠東報)라는 신문에서 한 기사를 보고 그와 의논하기 위하여 고대하고 있는 중이었다. 기사내용은 조선통감을 사임하고 일본으로 돌아갔던 이토오가 하얼빈에서 러시아의 대장 대신 코코프체프(Kokovtsev)와 회견하고 돌아가는 길에 블라디보스톡을 거쳐 귀국한다는 것이었다.

"어떻게 하겠소? 하얼빈으로 가겠소?"

"가야지."

의논은 간단히 끝났다. 얼마나 기다리던 기회였던가. 안중근은 진정할 수가 없었다. 조국의 원수 이토오가 이제 또 만주를 삼키고

순흥안씨(順興安氏)

총독이 되려 한다. 치가 떨리면서 한편으로는 감개무량하였다.

드디어 준비가 완료되어 그는 우덕순과 함께 블라디보스톡에서 국경까지 기차로 출발하였다. 다음 역에서는 다른 사람의 눈을 피하여 유진률, 이강이 기다리고 있다가 옷 두 벌과 돈 백 원을 주면서는 "삼천리 강산을 너희가 등에 업고 간다" 하며 손을 부여잡고 눈물의 전송을 하였다. 성사가 되면 영영 못 볼 얼굴들이기에.

도중에 조도선(曺道先), 유동하(劉東夏)까지 합친 4명의 일행은 22일에 하얼빈에 도착하였다. 그들은 지세와 역의 구조 등을 살핀 후 거사 2일전에는 대동공보 주필 이강에게 안중근, 우덕순 양인의 이름으로 그것이 그들이 남긴 최후의 기록이 될지도 모르는 다음과 같은 서신을 보냈다.

"조도선씨와 같이 저의 가족을 맞기 위하여 관성자(寬城子)에 간다고 칭하고, 이어 관성자에서 수십 리 앞 되는 모 정거장에서 이를 기다려 그곳에서 아주 대사를 결행할 작정이니 그리 하량하옵소서. 일의 성부는 하늘에 달렸으나 다행히 동포의 선도를 힘입기를 복망하옵니다. 그리고 당지 김성백(金聖白)씨에게서 50원을 차용하였으니 속히 갚아주시기를 천만 복망하옵나이다."

이것이 안중근의 최후의 서신인데 비장한 각오로 대사의 준비완료를 알린 것이다. 거사하기로 한 계획지는 두 곳인데 만약의 실패를 예상하여 1차 예정지로 채가구(蔡家溝)를 우덕순, 조도선이 담당하고, 최종지는 하얼빈으로 안중근이 맡기로 결정한 다음 각각 비장한 각오로 원수의 이토오가 오기를 기다렸다.

1909년 10월 26일, 이 날은 소위 일본 제국의 추밀원 의장이며 공작인 이토오가 러일간의 여러 문제와 만몽(滿蒙)의 이권을 담판하여 청국 침략의 길을 공고히 하려는 속셈으로 하얼빈에 이르러 노국 대장대신(大藏大臣) 코코프체프와 회견하는 날이었다. 이토오가 통과

순흥안씨(順興安氏)

하는 동청철도(東淸鐵道)의 각 역은 삼엄한 경계에 휩싸였고 더구나 하얼빈의 경비상태는 철통같았다. 이날의 환영 준비는 일찍이 볼 수 없었던 장관이어서 수천의 러시아 군대와 의장대, 외국사절단 및 일본 거류민단이 도열한 가운데 장중한 국악과 경축화포의 터지는 소리는 정신을 못 차릴 정도였다. 그러나 잠시 후에는 이 환영식의 환희가 이토오의 장례식이 되고 경쾌하던 음률이 장송곡으로 변할 줄은 안중근과 우덕순, 조도선 외에는 아무도 눈치 챈 사람이 없었다.

드디어 9시 10분 이토오를 태운 러시아 철도국의 총독 특별 열차가 플랫폼에 미끄러져 들어와 가벼운 반동과 함께 멈추었다. 채가구(蔡家溝)를 무사히 지났으니 이토오의 운명은 이제 불가피 안중근 자신의 손으로 결정짓게 되었다. 이토오는 기차가 정거해도 차에서 내리지 않고 코코프체프와 차안에서 약 25분간 회담한 후 그와 나란히 러시아 북경 주차공사(駐箚公使) 코로스도에프, 일본총영사 가와카미(用上俊彦), 만철이사 다나카(田中淸次郞), 궁내대신 비서관 모리(森泰二郞) 등에 호위되어 만족한 표정으로 차에서 내렸다. 그리고 의장대 앞을 지나 각국 영사관 직원들이 도열한 앞으로 가서 의례적인 인사를 하고 돌아서서 러시아 장교단의 앞으로 서서히 발을 옮겼다.

이때 장교단의 뒤에서 초조히 기회를 엿보고 있던 안중근은 전광석화와 같이 뛰어 나가서 브라우닝 권총을 발사하여 3발을 이토오에게 명중시켰다. 이리하여 일본제국주의의 원로, 백발의 정객은 욕심 많은 흉계를 가슴에 간직한 채 "다 틀렸다(시맛다)"라는 한 마디를 최후로 차가운 바람이 부는 이역만리 하얼빈역에서 힘없이 거꾸러졌다. 계속하여 가와카미 총영사와 다나카 만철이사, 모리 비서관이 총탄에 맞아 쓰러지니 환영장은 일순에 수라장으로 변하였다. 잠시 후 간신히 정신을 차린 러시아 병정이 안중근에게 달려들어

순흥안씨(順興安氏)

붙잡으니 그는 순순히 권총을 내어주고 "코리아 후라(大韓萬歲)"를 3창하면서 포박당하였다. 이때 안중근의 눈에는 눈물이 어리었으니 그것은 기쁨에 넘친 환희의 눈물이었다. 그리고 한민족의 원수 이토오는 피를 흘리다가 약 25분 후 완전히 죽었다.

안중근은 현장에서 엄중한 경비를 받으면서 압송되었고 우덕순, 조도선, 유동하도 채가구에서 체포되었으며, 국내 국외에서 죄 없는 연루자가 계속 구금을 당하게 되었다. 즉 서울의 정대호(鄭大鎬), 하얼빈의 김성옥(金成玉), 김형재(金衡在), 유강로(柳江魯), 명천(明川)의 김여수(金麗水), 부령(富寧)의 방사금(方士昑), 함흥의 탁공규(卓公圭), 원산의 이진옥(李珍玉), 단천의 김성엽(金成燁), 진남포의 정서우(鄭瑞雨), 경북의 장수명(張首命) 등이 화를 입었고, 안창호, 유동렬(柳東說), 이갑(李甲) 등이 혐의의 대상에 올랐다. 그러나 모두 증거 불충분으로 석방되고 안중근, 우덕순, 조도선, 유동하만이 기소되어 관동도독부 지방법원에서 원장 마나베(眞鍋十藏)의 주심으로 재판을 받게 되었다.

안중근은 엄연한 대한의 의사(義士)로서 정정당당한 설분(雪憤)을 하였던 것이나, 일장기가 걸린 재판정에서 심리를 받게 된다는 것은 참으로 분한 일이었다. 이미 이 해 7월 12일에 이토오에 의하여 이완용과 후임통감 소네(曾禰) 사이에는 '한국 사법 및 감옥 사무 위탁에 관한 각서'가 조인되었으니, 이것은 안중근의 재판에도 적용되는 것이었다. 재판의 결과는 이미 결정되었고 단지 요식적인 절차에 불과하였다. 관동도독부 고등법원장 히라이시(平石)가 이 사건의 판결을 본국의 고위층과 협의하고 돌아와 세계의 이목을 집중하는 중요한 사건임에도 불구하고 예심조차 거치지 않고 공판에 직접 회부하기로 결정하였으니, 이는 이토오를 중심으로 한 한국과 만주에서의 자국의 죄악상이 백일하에 공개될 것을 꺼린 까닭이다. 일본은

순흥안씨(順興安氏)

일본인 관선 변호사 미즈노(水野吉太郎)와 가마다(鎌田正治)의 변호조차 허가하지 않으려 했다.

하얼빈의 쾌거가 전파를 타고서 각국에 전해지자 세계의 여론은 한국을 마음속으로 깊이 동정하게 되고 중국은 조야를 막론하고 안중근의 의거를 칭송하였다. 러시아, 중국, 미주 등지에서는 안중근에 대한 변호모금운동이 전개되었고, 변호사를 지원하는 정의로운 인사들이 계속하여 신청을 내었다. 국내에서는 안병찬(安秉瓚)이 여순으로 달려왔고, 한성변호사회에서는 변영만(卞榮晩)을 파견하기로 결정하였으며, 상해의 민영익(閔泳翊)은 4만원을 준비하여 러시아와 프랑스의 변호사를 초빙하였고, 일본인 변호사 기시(紀志)까지도 끼어들었다. 또한 영국, 스페인 등의 변호사도 자진 신청을 하니 일제의 고민은 이만저만이 아니었다.

그러나 일본의 여론은 상당히 과격하였다. 이 기회에 속히 한국에 대한 완전한 합방을 선언하고 배일기세를 전멸시켜 후환을 예방함으로써 헤이그 밀사사건이나 안중근사건과 같은 일에 다시 일어나지 않도록 해야 한다고 주장하는 무리가 많았다. 서울에 있는 일본인 신문기자단도 회합을 갖고 한국 황제의 도일 사과에 앞서 지상사과를 강경히 요구하였다.

이와 발맞추어 국내의 친일도배 이완용, 송병준 등은 순종으로 하여금 이토오에게 문충공의 시호와 부의금 3만원 및 유족 위안금 10만원의 전달을 결정케 하고, 번갈아 통감부에 드나들며 일본인에게 아부하였다. 또 민병석(閔丙奭), 김윤식(金允植), 박제빈(朴齊斌) 등 이른바 일진회의 사죄단이 일본으로 떠나갔고 이완용, 윤덕영, 조민희(趙民熙), 유길준(俞吉濬) 등이 대련(大連)으로 떠났다. 이학재(李學宰), 민영우(閔泳雨)는 이토오의 송덕비와 동상건립을 주장하였고, 일진회의 기관지 국민신보 사장 최영년(崔永年)은 추도식을 서두르는 등 기막힌 추태가 연출되었다.

여순 감옥에서의 안중근은 몸이 결박되는 등 학대가 심하였지만 시종일관 태도가 태연자약하여 의사로서의 면목이 역력하였다. 그는 학대하는 옥리에게 말하기를, "내가 국가에 생명을 봉헌함은 지사의 본분이거늘, 이렇게 학대를 가함은 부당한 일이다. 음식물도 이렇게 조악한 것만 주어 먹지 못하겠으니 우리를 대신으로 대해 주기 바란다"고 꾸짖었다. 검찰관은 안중근의 강경한 뜻을 거역치 못할 것을 알고 결박을 푼 다음 후대하면서 이토오의 암살은 시국을 잘못 이해한 오해에서 온 일이라고 말하면 곧 석방하겠다고 회유하였다. 이에 안중근은 "내가 살기를 원하였으면 이토오를 죽이지도 않았을 것이니 다시는 꾀지 말라"고 준열히 말했다. 옥중에서 안중근 의사는 동양 평화의 노래를 지어 일본인에게 보였는데 그의 필적을 애중히 여겨 이를 얻고자 하는 자가 많아 안중근은 그들을 위하여 수백 폭을 써 주었으며, 사건 현장의 사진을 러시아인이 찍어서 파니 일본인이 6천원의 많은 돈으로 사버렸다는 말도 전해지고 있다.

해가 바뀌어 1910년 2월 7일, 관동도독부 지방법원은 고등법원 제1송정(訟廷)에서 3백여 명의 방청객이 주시하는 가운데 공판을 개시하여 12일까지 계속하였는데, 조사서류의 분량은 무려 두자 반에 이르렀다. 안중근은 신문에서 자기의 입장을 말하기를, "우리나라의 자주성과 독립을 빼앗은 것은 이토오의 작간(作奸)인 고로 나는 한국 의병의 참모중장의 자격으로 특파되어 하얼빈에서 죽인 것인데 지금 나를 포로로 취급하여 주지 않고 일반 살인 피고인으로 심문을 받으니 이는 잘못이다"라고 주장하고, 만일 시간이 있었더라면 의병을 모집하여 그 병력으로 대마해협(對馬海峽)에라도 나가서 이토오가 타고 오는 배를 격침하였을 것이라고 진술하니 실로 그 구변이 거침없고 침착하였다. 그리고 변호사의 요청으로 이토오 살해의 이유를 말함에 있어 "이토오를 죽인 것은 나 일개인을 위해서가 아니고 동양의 평화를 위해 한 것이다. 러일전쟁 개전 당시에 일본천황의 선전에 의하면 동양평화를 유지하고 한국의 독립을 공고케 한다는 선언이 있었다. 그 후 전쟁이 강화되어 일본이 개선할 때에 조선인은 마치 자국의 개선과 같은 생각을 가지고 상당히 환영하였다. 그런데 이토오가 통감이 되어 한국에 주재할 때 5개조의 조약을 체결한 것은 한국 상하의 백성을 속이고 일본 천황의 뜻에 따르지 않은 것이므로 한국 상하의 백성은 상당히 이토오를 원망하게 되어서 이의 반대를 주장하였다. 그 후 또 7개조의 조약을 체결하였으므로 이러한 이토오 통감의 방약무인한 거동은 한국을 위하여 불이익한 것뿐이라는 것을 더욱 절실히 느꼈다"라고 진술하였다.

또한 재판장이 만약 성공하면 자살이라도 할 결심은 없었느냐고 한 질문에 정색한 한 안중근은 "죽겠다는 생각은 없었다. 한국의 독립과 동양의 평화를 위해서는 다만 이토오만 죽이면 족한 것으로써 아직 내가 죽기는 이르다고 생각하였다. 될 수 있는 대로 생금(生擒)되어서 정정당당한 이유를 발표하여 우리나라의 억울한 사정을 만국에 선전하기로 마음먹었으며, 이렇게 죽는다면 또 다른 안중근과 우덕순이 천 사람이고 만 사람이고 나올 것이다"라고 답변하여 기개를 과시하였다.

이에 대하여 변호인 미즈노(水野吉太郞)는 검찰관에 대해 그가 답변하는 태도를 보고, 그는 한국인으로서는 학식 있는 사람이라고 보아도 옳을 것이며 신분도 미천하지 않고 또 성품도 결코 악하지 않다는 것을 추측할 수 있다고 전제한 다음 "그 범죄의 동기는 오해에서 나왔다고 할지라도 이토오 공을 죽이지 않으면 한국은 독립할 수 없다는 조국에 대한 적성(赤誠)에서 나온 것은 틀림이 없다"고 안중근의 인간성과 조국애를 변론하였다.

안중근에 대한 언도공판은 이틀 후인 2월 14일 오전 10시 반에 개정되었는데 재판장 마나베가 내린 판결은 다음과 같다.

"안중근 사형, 우덕순 징역 3년, 조도선 징역 1년 6개월, 유동하 징역 1년 6개월."

언도의 순간에도 안중근, 우덕순 두 의사는 추호의 동요도 없이 태연자약하게 재판장을 응시한 후 묵묵히 퇴장하였으며 5일이 지나도록 공소를 하지 않으니 형은 완전히 결정된 것이었다. 안중근은 죽음을 앞둔 며칠 전 정근(定根), 공근(恭根) 두 아우에게 홀로 계신 모친의 봉양을 당부하면서 "내가 살아서 돌아가기는 만무하니 내가 죽거든 시체는 우리나라가 독립하기 전에는 반장(返葬)하지 말라"라고 말한 후 한복으로 옷을 갈아입었다. 1910년 3월 26일 아침 10시 안중근의사는 무릎을 꿇고 대한독립만세를 힘 있게 외쳤다. 그리고 31세의 젊은 나이로 여순 형장에서 교살형을 받고 숨졌다. 그는 최후로 남긴 싯귀에 "장부는 비록 죽어도 마음은 강철 같고, 의사는 죽음에 임하더라도 기상은 구름같다"라고 읊어 꿋꿋한 남아의 기개를 나타내었다.

과연 안중근의 의거 이후 일제가 우려하던 대로 그의 애국사상은 온 국민의 마음속에 자리 잡았고 한국을 넘어 중국의 교과서에도 안중근의 쾌거를 상찬(賞讚)하여 실었다. 수많은 애국청년들이 계속하여 나타나 일제의 대관과 매국노를 암살하고 혹은 각 기관을 파괴하는 등 일제에의 저항은 그치지 않았는데, 안중근의 종제 안명근(安明根)의 사건 같은 것은 대표적인 사건이었다.

중국의 원세개(袁世凱)는 안중근 의사의 죽음을 곡하고 조상하는 다음과 같은 만사(輓詞)를 보내왔다.

평생에 벼르던 일 이제야 끝났구려 (平生營事只今畢)
죽을 땅에서 살려는 건 장부 아니고 (死地圖生非丈夫)
몸은 한국에 있어도 만방에 이름 떨쳤소 (身在三韓名萬國)
살아선 백살이 없는건데 죽어 천년을 가오리다. (生垂百歲死千秋)

그러나 형이 집행된 후에 안중근의 유해는 여순 공동묘지에 강제로 매장된 채 해방된 오늘날까지 아직 반장을 못하고 있으니 실로 한스러운 일이다. 그러나 연전 안중근 의사가 감옥에서 쓴 자서전이 발견됨으로써 그의 투철한 조국애, 정확한 역사파악과 꿋꿋한 의기를 새삼 깨닫게 하여 우리에게 깊은 충격을 주었으니, 이는 우연한 일이 아닐 것이다. 그는 갔지만 그의 얼은 함께 살아 있다.

## 안중근 연보

◎ 1879년 1세
1879년 9월 2일(음력 7월 16일) 황해도 해주부 수양산 아래 황석동에서 부 안태훈과 모 백천조씨 사이에서 3남 1녀중 장남으로 태어나다. 태어날 때 배와 가슴에 북두칠성 모양의 7개의 흑점이 있어 북두칠성의 기운을 받고 태어났다고 해서 아명을 응칠이라 하다(1907년 망명 후 이 이름으로 활동함). 고려조 명헌 안향의 26대 자손이며, 해주부에 10여대 세거한 향반으로 조부 안인수는 진해 현감을 지냈으며, 부 안태훈은 성균진사이다. 고조부 때부터 해주, 봉산, 연안 일대에 많은 전답을 장만하여 황해도에서 이름난 부호가문으로 알려져 부친 때까지 이어졌다.

◎ 1884년 6세
부친 안태훈이 진사 박영효가 주도하던 개화파에서 일본에 파견

할 70명의 유학생의 일원으로 선발되다. 그러나 갑신정변(1884)의 실패로 수구파 정권의 탄압 대상이 되자 안태훈은 고향으로 은거하다.

◎ 1885년 7세
안태훈 진사가 일가 70~80명을 거느리고 세거하던 해주를 떠나 신천군 두나면 천봉산 밑 청계동으로 이사하다. 안 의사는 유학을 수학하며 한편 무예를 익혀 무인의 기상을 높이다. 안중근은 소년시절에 조부의 사랑을 받으며 집안에 마련된 서당에서 학문을 수학하고 사서삼경과 자치통감 9권, 조선사, 만국역사 등을 읽다. 한편 포수들을 따라 사격술을 익히고 사냥을 즐기다.

◎ 1886년 8세
동생 정근이 출생하다.

◎ 1889년 11세
동생 공근이 출생하다.

◎ 1892년 14세
조부 인수가 사망하자 안 의사는 애통하여 병이 나서 반년간 치병하다.

◎ 1894년 16세
재령군 신환면 김홍변의 딸 김아려(17세)와 결혼하여 후에 2남 1녀(딸 현생, 아들 분도, 준생)를 두게 되다.
　안 의사는 소요로 번진 동학 농민군을 진압하는 신천 의봉군의 선봉장으로 선전하여 용맹을 떨치다. 황해도에서 동학 농민군이 소요를 벌일 때 안태훈은 의병을 일으켜 그들과 전투를 벌였고, 안 의사는 의려장인 부친을 도와 자진 선봉장이 되어 적장소를 급습하고 큰 공을 세우다. 이때 안중근이 붉은 옷을 입고 있었으므로 적당이 달아나면서 '천강홍의장군(하늘에서 내려온 홍의장군)'이라 칭하다. 안태훈은 동학당에게서 노획한 1,000여 포대의 쌀을 군량미로 사용하여 훗날 그 상환을 독촉 받아 곤경에 직면하게 된다.

안 의사와 김구가 상봉하는 인연을 갖다. 동학군의 해주성 공격의 선봉장 김구가 패전하여 피신 중에 안태훈 의려장의 초청으로 청계동에서 40~50일간 은거생활을 하다.

◎ 1895년 17세
안태훈이 동학군으로부터 노획한 천여 포대의 양곡을 군량으로 사용한 것이 문제가 되어 탁지부 대신 어윤중과 전 선혜청 당상 민영준으로부터 양곡을 상환하라는 압박을 받았으나 개화파 김종한의 중재로 일시 무마되다.

안 의사 무예를 익히며 무인의 기상을 높이다. 청소년 시절부터 안중근은 "벗을 얻어 의를 맺는 일", "술 마시고 노래 부르고 춤추기", "총으로 사냥하기", "준마를 타고 달리기" 등을 즐기다.

◎ 1896년 18세
민영준이 다시 양곡의 상환문제를 들고 나오자 신변의 위협을 느낀 안태훈이 명동성당으로 수 개월간 피신하고, 성당안에서 성서도 읽으면서 천주교 강론을 듣고 천주교에 입교하여 신도가 되기에 이르다. 그 사이 민영준의 일이 마무리되자 안태훈은 120권의 천주교 교리문답을 가지고 청계동으로 돌아와서 주민들과 인근의 유지들에게 나누어 주면서 전교활동을 시작하다.

순흥안씨(順興安氏)

안태훈은 청계동으로 귀향한 후 일가친척과 마을 사람들의 동의를 얻어 사람을 보내 매화동 본당의 빌렘 신부를 신천군 두라면 청계동으로 초빙하다.

◎ 1897년 19세
안중근은 1월 중순 빌렘 신부로부터 토마스란 세례명으로 세례를 받다. 이때 그의 부친을 비롯하여 숙부, 사촌 등 일가친척과 청계동 및 인근 마을 사람 등 모두 33명이 함께 세례를 받다. 안중근은 빌렘 신부로부터 교리를 공부하며 평신도의 신분으로 빌렘 신부와 함께 전도를 하게 되었고, 한편 불어를 배우며 신사조를 수용하게 되다. 이 해 말 안 의사는 청계동을 사목 방문한 뮈텔 주교를 해주까지 수행하다.

◎ 1898년 20세
4월 하순, 빌렘 신부가 청계동 본당신부로 옮겨 청계동 본당이 설립되다. 청계동 본당에서 안중근은 숙부 안태건 회장과 함께 교회일에 헌신하다. 안중근은 돈독한 신앙심을 갖고 청계동 성당의 초대 본당신부로 부임한 빌렘 신부를 따라 미사 복사도 하면서 그를 수행하여 황해도의 여러 지방을 다니면서 전교활동에 열중하다.

안중근이 서울에 가서 친구들과 더불어 거리를 걸어가다가 한 일본인이 말을 타고 지나가던 한국 사람을 강제로 끌어내리고 말을 탈취하려고 하는 장면을 목격하다. 이때 안중근이 그 약탈자의 얼굴을 치면서 권총을 뽑아 그의 배에 갖다 대고 크게 꾸짖어 승복시키다. 말 주인이 말을 도로 찾아간 후 그 일본사람을 놓아주니 많은 사람들이 안중근의 이름을 알고자 하다.

◎ 1899~1904년 21세~26세

천주교를 비방하는 금광 감리 주가가 천주교에 대한 비방을 심하게 하여 교회의 피해가 커지자 안중근이 총대로 선정되어 주가를 힐문할 때 무기를 든 금광 일꾼 400~500명의 위협을 받고 간신히 벗어나다.

만인계(채표회사) 사장에 피선되어 출표식 때 기계 고장으로 군중 앞에서 수난을 당하였으나 함경도 사람 허봉의 도움으로 위기를 모면하다.

서울 사는 전 참판 김중환이 옹진군민의 돈 5,000냥을 빼앗아 간 일과 해주부 지방대 병영 위관 한원교가 이경주의 집을 비롯한 재산과 아내를 강제로 빼앗은 두 가지 사실을 따지고자 상경하였으나 이루지 못하다.

한국 교인들이 학문에 어두워서 교리를 전도하는데 어려움이 적지 않다고 생각하고 서양 수사회 가운데서 박학한 선비 몇을 청하여 대학을 설립하여 국내의 연준 자제들을 가르칠 것을 뮈텔 주교에게 건의하였으나 거절당하다. 이후 빌렘 신부로부터 배우던 불어공부를 중단하다.

조정에서 해서교안(海西敎案)을 사핵하고자 조핵사 이응익을 파견하여 천주교회의 중요 인물을 잡아들이는데, 안중근의 부친 안태훈과 숙부 안태건도 포함되었으나 빌렘 신부가 감싸주었고, 안태훈은 몇 달 동안 숨어 다니다.

안태훈이 청국인 서가에게 봉변을 당하자 안중근이 친구 이창순과 함께 서가를 찾아가 따지고 외부에 청원한 결과, 진남포 재판소에 환부하여 승소판결을 받다. 후에 다른 청국인의 소개로 서가와 만나 화해하다.

교우들을 성직자의 권위로 일방적으로 제압하는 빌렘 신부에 대항하여 서울의 뮈텔 주교에게 하소하려 하다가 빌렘 신부에게 구타를 당하다. 이때 굴욕을 참고 신부에게 대들지 않고 곧 화해하다.

◎ 1905년 27세
신문, 잡지, 각국 역사 등을 읽으면서 정치사상과 독립정신을 높이던 안중근은 러일전쟁에서 승리한 일제가 한국의 주권을 침탈하려는 의도를 드러내자 안태훈과 상의하여 중국 산동이나 상해에 국외 항일터전을 잡을 계획으로 출국하여 중국의 상해와 청도 등지를 두루 다니다. 상해에서 민영익을 2~3차례 방문했으나 만나지 못하고, 상인 서상근을 찾아가서 구국의 방도에 대하여 논의했으나 동의를 얻지 못하다. 처음에는 나라의 어려움을 극복할 방도는 외국의 도움을 구하는 길에 있으리라 생각했으나, 상해의 천주교당에서 우연히 만난 안면이 깊은 르각 신부의 권유로 교육의 발달, 사회의 확장, 민심의 단합, 실력의 양성 등 4가지에 힘 써야함을 깨닫고 진남포로 돌아오다.

안 의사 일가가 교통 요충지인 진남포로 이사하던 중 부친이 재령에서 병사하다. 가족들이 청계동에 돌아가 장례를 치르다. 안 의사는 상해에서 돌아와 이 사실을 듣고 진남포를 떠나 제계를 지키기 위해 청계동으로 다시가 상례를 마치고 가족들과 함께 그 해 겨울을 보내다. 이 때 안중근은 독립하는 날까지 술을 끊기로 맹세하고 죽을 때까지 지키다.

이 해 장남 분도가 출생하다. 그러나 1914년 망명지 북만주 무린에서 어릴 때 일제에게 독살되다.

◎ 1906년 28세
4월 안중근이 가족을 데리고 청계동을 떠나 진남포로 이사해 양옥 한 채를 짓고 살림을 안정시키고, 교육 구국운동에 투신하여 진남포에서 삼흥학교, 프랑스 신부가 경영하던 천주교 계통의 돈의학교의 재정을 맡으면서 2대 교장에 취임하였으며, 이 무렵 서우학회(뒤에 서북학회로 개칭)에 가입하다.

◎ 1907년 29세
봄에 안태훈과 친분이 있던 김 진사가 안중근을 찾아와서 간도, 노령 등 해외에서의 독립운동을 권하다. 안중근은 재정을 마련하고자 한재호, 송병운 등과 함께 삼합의라는 석탄회사를 만들었으나 일본인의 방해로 수 천원을 손해만 보다.

이 무렵 대구에서 발생한 국채보상운동이 전국적으로 확대되자 안중근은 이 운동에 적극 참여, 국채보상회 관서지부를 설치하고 1천여 명의 선비들이 모인 평양 명륜당에서 의연금을 내도록 권유하였을 뿐 아니라 자기 아내와 제수들에게도 권고하여 반지 패물까지 헌납하도록 하는 등 열성적으로 구국을 위한 활동을 벌이다.

8월 1일 정미 7조약에 이어 군대가 해산되어 시위대가 봉기하였을 때에 안중근은 국외활동을 통해 새로운 진로를 모색하고자 서울을 떠나 부산에 도착한 후에 다시 원산으로 향하다. 원산에서 선편을 이용하여 블라디보스톡으로 가려 했으나 청진에서 일제 임검 경관에게 발각되어 하선하다. 이에 다시 육로로 함북 회녕을 경유하여 두만강을 건너 8월 16일 북간도 용정에 도착하다. 용정촌을 중심으로 북간도 일대를 3개월 동안 시찰하면서 애국계몽운동을 일으키려 하였지만, 이미 그곳에 일제 침략기구인 총감부 간도파출소가 설치되어 여의치 못하므로 10월 20일에 연추를 지나 블라디보스톡으로 향하다.

블라디보스톡에 도착한 안중근은 계동청년회의 임시 사찰직을 맡아 항일독립운동에 큰 경륜을 펴기 시작하다. 한인사회의 유력자들에게 의병부대 창설에 대해 설득작업을 시작하고, 이 과정에서 엄인섭, 김기룡 등과 의형제를 맺다.

이해 차남 준생이 출생하다.


◎ 1908년 30세

안중근은 연해주의 한인촌을 순회하면서 동의회 회원을 모집하기 위하여 유세작업을 벌이다. 이에 다수의 한인들이 호응하여 무기, 자금 등을 지원하자 마침내 국외 의병부대를 조직하여 총독에 김두성, 총대장에 이범윤을 추대하고, 안중근은 참모중장의 임무를 맡다. 이들은 군기 등을 비밀히 수송하여 두만강 근처에서 모인 후 국내 진입작전을 도모하다.

7월, 안중근 등 여러 의병장이 대를 나누어 300여 명의 의병부대를 거느리고 두만강을 건너 함경북도 경흥 부근 홍의동과 신아산 부근으로 진공하다. 안중근 부대는 몇 차례 승첩을 올리고 일본군인과 상인 등을 생포하는 전과를 올리다. 안중근은 만국공법에 의거하여 포로들을 석방하면서 무기까지 내어주다. 이 때문에 동료의병들과 논란이 끊이지 않았으며 그중에서 부대를 나누어서 떠나버리는 사람들도 많이 생기다. 그 석방한 포로들에 의해 일본군에게 위치가 노출되면서 기습공격을 받아 회녕 영산에서 일군과 약 4~5시간 큰 접전을 벌였으나 중과부적으로 패퇴하다. 안중근은 수 명의 의병과 함께 일본군을 피해 달아나면서 열이틀 동안 단 두 끼만 겨우 얻어먹는 등 곤경을 겪으면서 연추의 의병 본거지로 돌아가다. 일본군을 피해 도망가는 동안 안중근이 2명의 의병에게 대세(代洗)를 주다.

안중근이 블라디보스톡에서 의병의 재기를 도모했으나 여의치 못하다. 안중근은 블라디보스톡에서 수청, 하바로프스크 등을 순회하면서 각지 한인사회의 교육과 사회 조직 건설에 힘쓰다.

특히 기선을 타고 흑룡강 상류 수천 여리를 시찰하다. 그러던 중 어느 산골짜기에서 일진회 회원들에게 잡혀서 구타를 당하고 죽음의 위기에서 간신히 풀려나 친지 집에서 상한 곳을 치료하며 그 해 겨울을 지내다.

이 무렵 안중근이 1906년경부터 1907년 초까지 진남포에서 운영해 오던 삼흥학교는 심각한 재정난에 직면하여 진남포의 오성학교의 야학부로 재편되다. 8월 20일 황해, 평안 양도의 50여 학교 5,000명의 학생들이 모인 가운데 개최된 연합운동회에서 1906년부터 1907년까지 안중근이 재건에 힘쓴 진남포의 돈의학교가 우등을 차지하다.

◎ 1909년 31세
3월 5일경, 안중근은 연추 하리에서 11명의 동지와 함께 모여 왼손 무명지를 끊어 그 피로 '대한독립'이라는 네 글자를 쓰고 '대한독립만세'를 세 번 외치며 하늘과 땅에 맹세하고 조국의 독립회복과 동양평화 유지를 위해 헌신하는 동의단지회를 결성하다. 안 의사가 회장에 선임, 회무를 주관하다. 단지혈맹동지 12명 : 안응칠(31세), 김기룡(30세), 강순기(40세), 정원주(30세), 박봉석(32세), 유치홍(40세), 조응순(25세), 황병길(25세), 백규삼(27세), 김백춘(25세), 김천화(26세), 강창두(27세).

3월 21일, '해조신간'에 '안응칠'이란 이름으로 기서하여 인심을 단합하여 국권을 회복하는 방략에 대하여 논하다.

10월 초, 블라디보스톡에서 소문과 신문을 통해 이등박문이 22일경 하얼빈에 도착한다는 사실을 알게 되어 거사를 결심하다. 안중근은 우덕순과 동행의거를 제의하고, 우덕순도 쾌히 동의하다.

10월 21일, 아침에 안중근, 우덕순은 블라디보스톡을 떠나 하얼빈으로 향하던 중 통역을 맡아줄 유동하와 동행하다. 22일 하얼빈에 도착하여 김성백의 집에서 유숙하고 다음 날 조도선을 찾아가서 함께 거사를 도모하다. 대동공보사 주필 이강에게 거사결행과 자금에 관한 편지를 쓰고 거사의 결의를 읊은 '장부가'를 짓고, 우덕순도 이에 화답하는 '거의가'를 짓다.

　10월 24일, 아침에 안중근은 우덕순, 조도선, 유동하와 함께 하얼빈 정거장으로 나가서 역의 관리를 통해 러청열차가 서로 바뀌는 정거장이 채가구 등지임을 알게 되다. 유동하는 남아서 연락을 담당하게 하고, 우덕순, 조도선과 함께 채가구 역에 이르러 하차하다. 안중근 일행은 이등박문이 10월 26일 아침 6시경에 이 곳 채가구를 지날 것이라는 사실을 정거장 사무원을 통해 확인하다.

　10월 25일, 안중근은 거사의 만전을 위하여 채가구를 거사의 한 지점으로 정하여 우덕순, 조도선 등에게 맡기고, 자신은 하얼빈으로 돌아와 하얼빈역을 의거지로 작정, 거사준비를 하다.

　10월 26일, 채가구에서 거사를 도모하던 우덕순, 조도선은 러시아 경비병에 의해 수상하게 여겨져, 열차가 지나가는 시각에 그들이 투숙한 역 구내여관의 문을 잠가 방안에 갇혀 있다가 거사에 실패하다.

　안중근은 오전 7시경 하얼빈 역으로 나가 삼엄한 경비망을 뚫고 역사안 찻집에서 이등의 도착을 기다리다. 오전 9시경 이등을 태운 특별열차가 하얼빈 역에 도착하자 러시아 코코프췌프 대장대신이 기내영접을 하다. 약 20분 뒤 이등이 수행원을 거느리고 코코프체프의 안내를 받으며 열차에서 내려 도열한 의장대를 사열하고 이어 각국 사절단 앞으로 나아가 인사를 받기 시작하다. 이 때 안 의사는 9시 30분경 러시아 의장대 뒤쪽에 서 있다가 약 10여보의 거리를 두고 선 자세로 브로닝 권총을 발사하여 이등에게 3발을 명중시키고, 이등을 수행하던 하얼빈 천상 총영사, 삼 비서관, 전중 만철 이사 등에게 부상을 입히다. 안중근은 러시아 헌병에 의해 체포되자 '코리아 후라(대한민국 만세)'를 세 번 외치다. 거사 직후 러시아 헌병대에 체포된 안중근은 하얼빈 역 헌병대 분파소에서 러시아 검찰관에게 심문을 당하다가 오후 8,9시경에 일본 영사관으로 넘겨지다.

치명상을 입은 이등은 곧 러시아 장교들과 일본인 수행원들에 의해 열차 내로 옮겨져 응급처치를 받았으나 약 20분 후에 69세로 절명하다.

10월 30일경, 안 의사 하얼빈 일본 총영사관에서 미조부치(溝淵孝雄) 검찰관의 심문을 받다.

11월 1일, 일본헌병과 러시아 헌병의 감시하에 안중근 및 우덕순, 조도선, 유동하, 정대호, 김성옥 등 9인이 여순구 감옥으로 향하다.

11월 3일, 여순구에 이르러 감옥에 수감되다.

12월 2일, 일본정부 관동도독부 법원에 안의사 '사형'을 지령하다. 코무라(小村壽太郎) 외무대신이 현지 파견중인 테쓰요시(倉知鐵吉) 정무국장을 통하여 '중형징죄'를 전보로 명령 전달하게 하고, 나아가 고등법원장 히라이(平石氏人)을 본국으로 소환해 '사형판결'을 위한 공판개정을 다짐받다.

12월 중순, 안중근의 동생 정근, 공근이 여순감옥으로 안중근을 면회오다. 안중근은 국내에서 찾아온 두 동생을 4~5일 만에, 혹은 10여일 만에 차례로 만나서 이야기를 나누고, 이 자리에서 안중근은 한국인 변호사를 청해 올 일과 천주교 신부를 청해다가 종부성사 받을 일들을 부탁하다. 또한 안중근이 자신의 자서전 '안응칠역사'를 집필하기 시작하다.

순흥안씨(順興安氏)

◎ 1910년 32세

1월 31일 ~ 2월 1일경부터 일본의 검찰관과 옥리들의 심문태도가 강압적으로 돌변하고 안중근에게 공판개정일이 6~7일 뒤로 결정되었다고 통보하다. 또한 이미 허가한 한국인 변호사의 변호는 물론 영국, 러시아, 스페인 등의 외국변호사도 일체 변호가 허가되지 않으며, 일보인 관선 변호사만이 허용된다는 사실을 통보하다.

2월 7일 오전 10시, 중국 여순 관동도독부 고등법원 제1호 법정에서 재판장 마나베(眞鍋十藏)의 단독심리 하에 안중근, 우덕순, 조도선, 유동하 등 하얼빈 의거 관련자 4인에 대한 제1회 공판이 열리다. 재판부는 재판장에 관동도독부 지방법원장 마나베(眞鍋十藏), 담당검찰관은 미조구치(溝淵孝雄), 관선변호사는 미즈노 요시타로(水野吉太郎), 카미다 세이지(田正治), 서기 와타나베 료이치(渡邊良一)로 전원 일본인 일색으로 구성하다. 이 공판에서 우선 안중근, 우덕순, 조도선, 유동하 등 네 피고인의 인적사항을 확인 다음 안중근에 대한 신문이 전개되다. 안중근은 "3년 전부터 대한의군 참모중장의 자격으로 이등을 포살코자 했으며, 이 거사는 개인적인 원한이 아니라 한국의 독립과 동양평화를 위해서 독립전쟁의 일환으로 결행한 것이다"라고 진술하다.

2월 8일 오전 11시, 제2회 공판이 속개되어 우덕순과 조도선에 대한 개별신문이 행해지다. 우덕순은 하얼빈 의거에 참가한 이유를 "안중근은 의병으로서 한 일이겠으나 자신은 국민의 한 사람으로서 당연해 해야 할 일을 했을 뿐이다"라고 진술하다. 조도선은 정대호가 데리고 오기로 되어있는 안중근의 가족을 마중나갈 때 러시아어 통역을 도와주기 위해서 안중근과 채가구로 동행하였다고 진술하다.

2월 9일 오전 9시 50분, 제 3회 공판이 개정되다. 먼저 유동하에 대한 개별신문이 행해지다. 유동하는 안중근의 거사 의도를 몰랐다고 진술하다. 오후부터 재판장의 증거 취조가 행해져 안중근이 이강에게 보내려던 편지와 안중근, 우덕순의 시가 러시아와 일본 관헌에 의해 밝혀진 사실들이 제시되다. 여기서 안중근은 '이등박문의 죄악 15개조'를 설명하다. 중도에 재판장에 의하여 중지당하다.

2월 10일 오전 9시 40분, 제4회 공판이 시작되다. 미조부치 검찰관으로부터 각자에 대한 형량이 구형되었는데 안중근은 사형, 우덕순과 조도선은 징역 3년, 유동하는 징역 1년 6개월이 구형되다.

2월 12일 오전 9시 30분, 제5회 공판이 개정되다. 두 일본인 관선 변호사의 변론이 행해지다. 카미다 변호사는 주로 우덕순, 조도선, 유동하 등에 대해 변론하고 미즈노 변호사는 안중근에 대하여 변호하다. 변론이 끝난 후 피고인들의 최후 진술에서 안중근은 일제의 침략적 간계를 규탄하면서 한국의 독립과 동양의 평화를 위하여 이등박문을 제거했다고 진술하고 자신을 단순한 자객으로 취급하지 말고 전쟁 중에 잡힌 포로로 대접하여 마땅히 만국공법에 의하여 처리하라고 진술하다.

2월 14일 오전 10시, 제6회 최종판결이 개정되다. 재판장은 일본 형법을 적용시켜 안중근에게 사형, 우덕순에게 징역 3년, 조도선과 유동하에게는 각각 징역 1년 6개월을 선고하다. 이러한 선고를 받고도 안중근은 "이보다 더 극심한 형은 없느냐?"고 말하면서 시종일관 의연한 자세를 취하다.

3월 8일, 한국으로부터 여순감옥으로 빌렘 신부가 찾아오다. 다음 날인 9일부터 10일까지 빌렘 신부가 안 의사의 영생영락을 위하여 고해성사와 미사성제대례, 예수의 성체성혈을 받아 모시는 대예식을 행하다. 안중근은 이 미사 중에 직접 복사를 하고 성체를 받아 모시다. 이때 감옥소의 일반관리들도 함께 참례하다. 면회실에서 검찰관, 전옥, 통역, 간수장, 두 변호사 등의 입회하에 안정근, 안공근 두 아우와 빌렘 신부를 면회하고 20분 동안 기도를 드린 후 동포에게 고하는 최후의 유언을 남기다.

3월 15일, 안중근은 지난 1909년 12월 13일부터 집필하기 시작한 그의 자서전 '안응칠역사'를 92일만에 탈고하고, '동양평화론'을 쓰기 시작하다. 한편 이 무렵부터 안중근은 '국가안위노심초사', '일일부독서 구중생형극' 등 한문 붓글씨로 된 많은 유작을 남기기 시작하다.

안중근이 갇혀있는 감옥에 관계하던 많은 일본인들이 비단과 지필묵을 가지고 와서 안 의사에게 기념소장할 붓글씨를 써줄 것을 부탁하다.

3월 25일, 안중근은 동생 정근과 공근을 마지막 면회하는 자리에서 모친과 부인, 숙부, 동생, 뮈텔 주교, 빌렘 신부 등에게 미리 써놓았던 6통의 유서를 전하다. 이보다 앞서 안병찬 변호사를 통하여 뼈에 사무치는 동포에게 고하는 유언을 전달하다.

3월 26일, 안중근 의사 여순감옥에서 교수형이 집행되어 순국하다. 안중근은 전날 고향으로부터 보내온 조선옷으로 갈아입고 형장으로 나아가기 전에 약 10분간 무릎을 꿇고 기도하다. 임형 직전 마지막으로 남길 유언을 묻는 검찰관의 물음에, "나의 거사는 동양평화를 위해 결행한 것이므로 임형관리들도 앞으로 한일간에 화합하여 동양평화에 이바지하기 바란다"고 하고 이 자리에서 함께 '동양평화만세'를 부를 것을 제기하자 반대하고 교수형을 집행, 안의사는 의연하게 순국하다. 안중근의 시신은 새로 송판으로 만든 침관에 안치된 후 여순감옥 묘지에 임시 안장되다(하지만 아직도 시신을 모시지 못하고 있다).

## 안창남(安昌男)

1901년 1월 29일 서울의 평동(平洞)에서 태어났다. 아버지 안상준(安尚俊)은 목사로 알려지고 있거니와 생활 역시 안정된 중상류층이었다.

소년기의 안창남이 보았던 것은 기울어져가는 나라의 처절한 모습이었다. 그의 다섯 살 때에 을사조약이 일어났으며, 열 살 되던 해(1910)에는 경술국치가 조인되었다. 나이가 들어 미동초등학교를 다녔으며, 곧 휘문중학교에 입학하지만 그간 그의 집안에 커다란 변모가 있었으므로 휘문중학교를 졸업하지는 못했다. 생모 이씨가 와병으로 세상을 떠났으며, 새 어머니를 맞게 되니 그는 고독하게 성장할 수밖에 없었다.

꿈 많은 청소년이었던 1916년 미국인 비행사 스미스가 한국 최초의 비행 쇼를 벌이기 위해 여의도에 왔을 때 안창남 역시 큰 감명을 받았다. 1918년 열여덟 살 때 현해탄을 건너 일본 오사카로 떠나는데, 가재를 정리한 약간의 돈만 가지고 떠났으니 그가 겪어야 할 고생은 너무도 많았다. 그는 먼저 오사카 자동차학교에 입학하여 기초적 기계공작을 배우는 한편 실제적인 기계 조작과 운전 등을 열심히 배웠다. 원래 기술 기계에 재능이 있었는지 석 달만에 운전면허를 얻고 귀국하였는데, 무슨 연고로 그렇게 빨리 귀국하였는지에 대해서는 알려지지 않고 있다. 귀국한 후에는 운전수가 되었는데, 당시의 자동차 운전은 그것만으로도 선망의 대상이 되었으며 고수익의 수입을 올리는 직업이었다.

그는 꼭 비행사가 되어 귀국할 것을 다짐하고 다시금 일본으로 건너가게 되는데, 처음 찾아간 곳은 아카바네(赤雨) 비행기 제작소였다. 여기에서 그는 비행기 제조법을 실제로 보고 배워서 비행기의 구조를 완전히 파악할 수 있었다. 다시 도쿄로 가서 고우리(小栗) 비행학교

순흥안씨(順興安氏)

에 입학하여 3개월 만에 졸업하고, 그 학교의 교수가 되었다.

1921년 안창남은 비행사 시험에 합격하여 일본에서 처음으로 발급하는 비행사 면허증을 받았다. 그의 면허증은 제6호이었으니, 이로써 한국과 일본의 인구를 합친 8천여만 중에서 하늘을 날으는 극소수의 선구자가 되었다. 안창남이 가진 최초의 장거리 비행은 도쿄와 오사카 간의 우편비행이었다. 그는 이 비행을 아무런 사고 없이 무사히 끝내고 돌아왔는데, 지금으로서는 하등 놀라운 일이 될 수 없지만 당시로서는 커다란 뉴스 중의 하나였다. 당시 일본 육군의 항공국 기사였던 요시다(吉田)는 안창남의 성공적이고 획기적인 그 우편 비행에 대하여 이렇게 평하고 있다.

"안창남의 이번 성공은 미리 예상한 것이다. 그는 조선인이지만 비행기 조작에 능통한 사람이다. 이미 알려진 일이지만 첫날에는 기관의 고장으로 떠나지 못하였고 다음 날은 날씨가 흐려 비행하지 못하였다. 그래서 중도에 몇 번이나 구름에 갇혔으며 또한 심한 비를 만나 방향을 잃을 가능성이 있었음에도 불구하고 그는 결국 성공하였다."

그는 이 비행으로 훈장까지 받았다고 하거니와 이듬해 그의 역사적인 고국방문 비행이 뜻을 이루었다. 이것은 자신의 영광이기도 하지만 망국의 한에 사무치는 한국인에게 긍지와 자부심을 주는 일이기도 하였다. 이 일을 추진하기 위하여 사회 유지를 망라한 후원회가 조직되었으며, 회장에는 박영효(朴泳孝)가 임하였다. 동아일보사의 후원으로 비행기를 선편으로 실어왔고, 안창남도 꿈에 그리던 고국으로 돌아왔다.

1922년 12월 10일은 안창남에게 있어서 잊을 수 없는 날이었다. 한국 최초의 비행사를 맞는 동포들은 온통 여의도를 둘러쌌으며, 멀리 지방에서 올라온 사람도 있었다. 당시 동아일보를 대표하여 송진우

(宋鎭禹)는 "오늘은 무한히 기쁜 날입니다. 이는 우리의 젊은 아들인 안창남군이 개선한 날이기 때문입니다. 실로 안창남군의 개선이야말로 비단 안창남 개인에게 있어서 뿐만이 아니라 우리 민족 전체의 영광입니다"라고 찬사하였고, 이상재는 "조선 사람의 힘으로 이제까지 과학상 아무 성적이 없었는데 조선청년으로 그와 같은 재주가 있다니 매우 즐거운 일이 아닐 수 없습니다"라고 하면서 그의 영광과 개선이 만시지탄의 감이 없지도 않다고 부연하였다.

그날의 시범비행은 2차에 걸쳐 시행되었는데, 1차 비행은 12시 22분 활주로를 떠난 고공비행이었다. 그는 비행기의 이름을 '금강호(金剛號)'로 지었다고 하는데, 이는 금강산에서 따온 것이다. 대개 이 때 나돌기 시작한 유행어가 "떴다 보아라 안창남. 내려다 보아라 엄복동"이라는 것인데, 엄복동은 자전거 선수로서 이름을 날리던 사람으로, 하늘에는 안창남, 땅에는 엄복동이라는 데서 나온 말이었다.

안창남은 다시 일본으로 건너가서 1등 비행사의 면허를 받았으며 도쿄 항공학교의 강사직을 맡았다. 그러나 이 생활은 길지 못하였는데, 1923년 도쿄지방에 대지진이 일어나 민심이 매우 뒤숭숭하자 일본 정부는 이를 무마하기 위하여 조선인이 무차별적으로 약탈과 강간을 자행한다고 낭설을 퍼뜨렸으므로 당시 전국적으로 조직된 일본인 자경단에 의해 약 1만여 명에 달하는 조선인이 학살을 당하였던 것이다. 이 때 안창남은 안토오(安藤昌南)라는 가명을 쓰며 지냈던 것으로 보이지만 더 이상 일본에서 지낼 수 없어 조국으로 돌아왔다.

하지만 고국에서는 비행사를 필요로 하지 않았을 뿐 아니라 비행기 한 대조차 없었던 것이 현실이었다. 이 무렵 중국에서는 국민당 정부와 마적 출신의 장작림(張作霖) 군벌간에 전투가 벌어지고 있었는데, 그는 이상재 등의 알선으로 국민당정부를 돕기 위하여 상해로 떠나게 되었다. 상해에서는 그가 온다는 소식이 있자 대대적인 환영 준비를 하였으며, 그는 이국땅에서 고생하며 숙원의 독립 쟁취를 위하여 싸우는 투사들을 만나보고 감격하였다.

얼마 뒤 그는 여운형에게서 비행기가 없는 임시정부에서 일하는 것보다 산서성(山西省)의 염석산(閻錫山) 장군 휘하에서 비행사의 길을 걷는 것이 좋겠다는 권고를 받았다. 산서성에는 태원 비행학교가 있기 때문이었다. 이로부터 그는 태원 비행학교의 교관으로 지내면서 전날에 이루지 못한 꿈을 펴보려 했다.

그러나 그 기간도 잠시, 날씨는 맑게 개어 있던 1930년 4월 10일 안창남은 여느 날과 같이 아침 일찍 비행기를 타고 하늘로 올라갔는데, 그의 비행기는 추락하고 말았다. 추락 원인은 자세히 밝혀지지 않았다. 이때가 안창남의 나이 30세였다.

### 안익태(安益泰)

1906년 12월 5일 평안남도 평양시 문무리(文武里)에서 여관을 경영하던 아버지 안덕훈(安德勳)과 어머니 김정옥(金貞玉) 사이의 7형제 중 셋째아들로 태어났다.

평양보통학교와 숭실중학교를 졸업했는데, 1919년 친일교사 추방운동을 벌이다 무기정학을 당하기도 했다. 1921년에 일본에 유학하여 세소쿠가쿠엔 고등학교에 음악특기자로 입학하고, 1926년에는 도쿄 고등음악학교에 입학해 첼로를 전공했다. 1930년 졸업 후 다시 미국으로 유학하여 신시내티 음악원과 필라델피아의 커티스 음악원, 템플대학교 음악대학원에서 첼로와 지휘 등을 배웠고, 한인교회 등에서 음악감독으로 일하기도 했다.

1936년에 처음 유럽을 방문하여 파울 힌데미트와 펠릭스 바인가

르트너를 만나 음악활동에 대한 의견을 교환했다고 전해진다. 1937년에 템플대학교 음악대학원을 졸업한 뒤 1938년에 아일랜드의 더블린 방송 교향악단을 객원지휘했다. 이후 헝가리에 머물면서 부다페스트 음악원에서 졸탄 코다이와 에르뇌 도흐나니 등에게 작곡을 배웠고, 종전 직전까지 독일과 이탈리아, 유고슬라비아, 불가리아, 루마니아, 프랑스, 에스파냐 등지에서 지휘활동을 했다.

전황이 악화되자 1944년 4월에 파리에서 베토벤 축제 연주회를 마친 직후 중립국인 에스파냐로 피난했으며, 그 해 12월에는 그의 대표작인 한국환상곡의 현존하는 가장 오래된 자필 악보를 완성했다. 1946년에는 에스파냐 여성 롤리타 탈라베라와 결혼했고, 마요르카 교향악단의 상임지휘자가 되었다. 이후 스위스, 멕시코, 과테말라 등에서 지휘했고, 1955년 3월에 대한민국 정부수립 후 처음으로 고국을 방문했다.

1962~64년까지 3년간 서울에서 국제음악제를 주관했고, 런던 교향악단과 런던 필하모닉 오케스트라, 도쿄 교향악단 등을 객원 지휘했다. 1965년 7월 4일에 런던의 필하모니아 오케스트라와 마지막 연주회를 가진 직후 건강 상태가 악화되었고, 9월 16일에 에스파냐의 바르셀로나 병원에서 타계했다.

# 참고문헌 (參考文獻)

『삼국사기』 (三國史記)
『삼국유사』 (三國遺事)
『고려사』 (高麗史)
『고려사절요』 (高麗史節要)
『조선왕조실록』 (朝鮮王朝實錄)
『고려공신전』 (高麗功臣傳)
『국조인물고』 (國朝人物考)
『국조방목』 (國朝榜目)
『동국여지승람』 (東國輿地勝覽)
『고려명신록』 (高麗名臣錄)
『독립운동사』 (獨立運動史)
『각성씨세보』 (各姓氏世譜)
『성씨의 고향』 (姓氏의 故鄕)
『한민족대성보』 (韓民族大姓譜)
『한국문화유적총람』 (韓國文化遺跡總攬)
『대동방씨족원류사』 (大東方氏族源流史)
『한국의 전통예절』 (韓國의 傳統禮)
『한국성씨총감』 (韓國姓氏總鑑)
『한국인명대사전』 (韓國人名大辭典)
『성씨대보총람』 (姓氏大譜總覽)

## 순흥안씨(順興安氏) 이야기

2014 年 10 月 5 日 인쇄
2014 年 9 月 25 日 발행
편　　저 : 성씨이야기편찬실
발　　행 : 올린피플스토리

출판등록 : 제 25100 - 2007 - 000017 호
주　　소 : 서울특별시 강동구 구천면로 18길 23호
홈페이지 : http://www.ollinpeople.co.kr
전　　화 : 070) 4110 - 5959
팩　　스 : 02) 476 - 8739
정　　가 : ₩ 19,800

ISBN : 979-11-5755-093-7

\* 파손된 책은 바꾸어 드립니다.